ROSELY ROMANELLI

A PEDAGOGIA WALDORF

FORMAÇÃO HUMANA E ARTE

Editora Appris Ltda.
1ª Edição - Copyright© 2018 dos autores
Direitos de Edição Reservados à Editora Appris Ltda.

Nenhuma parte desta obra poderá ser utilizada indevidamente, sem estar de acordo com a Lei nº 9.610/98.
Se incorreções forem encontradas, serão de exclusiva responsabilidade de seus organizadores.
Foi feito o Depósito Legal na Fundação Biblioteca Nacional, de acordo com as Leis nºs 10.994, de 14/12/2004 e 12.192, de 14/01/2010.

Catalogação na Fonte
Elaborado por: Josefina A. S. Guedes
Bibliotecária CRB 9/870

R758 2018	Romanelli, Rosely Aparecida A pedagogia Waldorf: formação humana e arte - volume 2 / Rosely Aparecida Romanelli. - 1. ed. – Curitiba: Appris, 2018. 269 p. ; 21 cm (Educação, Tecnologias e Transdisciplinaridade) Inclui bibliografias ISBN 978-85-473-0772-1 1. Waldorf – Método de educação. 2. Educação - Métodos experimentais. 3. Antroposofia. 4. Arte na educação. 5. Arte – Estudo e ensino I. Título. II. Série. CDD 23. ed. - 371.3

Editora e Livraria Appris Ltda.
Av. Manoel Ribas, 2265 – Mercês
Curitiba/PR – CEP: 80810-002
Tel: (41) 3156 - 4731
http://www.editoraappris.com.br/

Appris
editora

Printed in Brazil
Impresso no Brasil

ROSELY ROMANELLI

A
PEDAGOGIA
WALDORF

FORMAÇÃO HUMANA E ARTE

Artêra holística   Appris editora

Curitiba - PR
2018

FICHA TÉCNICA

EDITORIAL	Augusto V. de A. Coelho
	Marli Caetano
	Sara C. de Andrade Coelho
COMITÊ EDITORIAL	Andréa Barbosa Gouveia - USP
	Edmeire C. Pereira - UFPR
	Iraneide da Silva - UFC
	Jacques de Lima Ferreira - PUCPR
	Marilda Aparecida Behrens - UFPR
EDITORAÇÃO	Lucas Andrade
ASSESSORIA EDITORIAL	Bruna Fernanda Martins
DIAGRAMAÇÃO	Thamires Santos
CAPA	Eneo Lage
REVISÃO	Thamires Silva Araujo
GERÊNCIA COMERCIAL	Eliane de Andrade
GERÊNCIA DE FINANÇAS	Selma Maria Fernandes do Valle
GERÊNCIA ADMINISTRATIVA	Diogo Barros
COMUNICAÇÃO	Carlos Eduardo Pereira | Igor do Nascimento Souza
LIVRARIAS E EVENTOS	Milene Salles | Estevão Misael

COMITÊ CIENTÍFICO DA COLEÇÃO EDUCAÇÃO, TECNOLOGIAS E TRANSDISCIPLINARIDADE

DIREÇÃO CIENTÍFICA Dr.ª Marilda A. Behrens (PUCPR)
Dr.ª Patrícia L. Torres (PUCPR)

CONSULTORES

Dr.ª Ademilde Silveira Sartori (Udesc)

Dr. Ángel H. Facundo (Univ. Externado de Colômbia)

Dr.ª Ariana Maria de Almeida Matos Cosme (Universidade do Porto/Portugal)

Dr. Artieres Estevão Romeiro (Universidade Técnica Particular de Loja-Equador)

Dr. Bento Duarte da Silva (Universidade do Minho/Portugal)

Dr. Claudio Rama (Univ. de la Empresa-Uruguai)

Dr.ª Cristiane de Oliveira Busato Smith (Arizona State University /EUA)

Dr.ª Dulce Márcia Cruz (Ufsc)

Dr. Edméa Santos (Uerj)

Dr.ª Eliane Schlemmer (Unisinos)

Dr.ª Ercilia Maria Angeli Teixeira de Paula (UEM)

Dr.ª Evelise Maria Labatut Portilho (PUCPR)

Dr.ª Evelyn de Almeida Orlando (PUCPR)

Dr. Francisco Antonio Pereira Fialho (Ufsc)

Dr.ª Fabiane Oliveira (PUCPR)

Dr.ª Iara Cordeiro de Melo Franco (PUC Minas)

Dr. João Augusto Mattar Neto (PUC-SP)

Dr. José Manuel Moran Costas (Universidade Anhembi Morumbi)

Dr.ª Lúcia Amante (Univ. Aberta-Portugal)

Dr.ª Lucia Maria Martins Giraffa (PUCRS)

Dr. Marco Antonio da Silva (Uerj)

Dr.ª Maria Altina da Silva Ramos (Universidade do Minho-Portugal)

Dr.ª Maria Joana Mader Joaquim (HC-UFPR)

Dr. Reginaldo Rodrigues da Costa(PUCPR)

Dr. Ricardo Antunes de Sá(UFPR)

Dr.ª Romilda Teodora Ens(PUCPR)

Dr. Rui Trindade (Univ. do Porto-Portugal)

Dr.ª Sonia Ana Charchut Leszczynski (UTFPR)

Dr.ª Vani Moreira Kenski (USP)

*Aos meus filhos, San, Flora, Tauana, Rafael e Clara,
que sempre me incentivaram a continuar, mesmo diante
dos momentos mais difíceis e da distância que nos foi imposta.*

*A imaginação parece, na verdade, não possuir leis, talvez seja como um
Sonho em um estado de vigília, que oscila incondicionalmente
De um lado para o outro. Mas para possuí-la é preciso regrá-la
De diversas maneiras, mediante o sentimento, mediante incentivos éticos,
Mediante necessidades do agir e
Da maneira mais feliz mediante o gosto,
Por meio do qual a razão se apodera de cada matéria e de todos os elementos.*

(Goethe, 2005, p. 254)

APRESENTAÇÃO

Meus estudos sobre a pedagogia steineriana, mais conhecida como pedagogia Waldorf, compreendem uma dimensão da arte ligada ao surgimento da sensibilidade na psique humana. Há uma relação entre arte e razão que se estabelece a partir de um desenvolvimento cognitivo específico, somente proporcionado pela vivência do fazer artístico.

A partir das atividades específicas do cotidiano da escola Waldorf, este livro analisa o material da expressão artística dos alunos para compreendê-lo à luz do aporte teórico de autores que procuram o entendimento do ser humano por meio do equilíbrio entre sensibilidade e razão. Para tanto, a pesquisa apoia-se teoricamente na Antroposofia de Rudolf Steiner para o estudo da utilização pedagógica da arte; na cosmovisão científica e artística de Johann Wolfgang Goethe e na sua *Doutrina das Cores*; em *A Educação Estética do Homem* de Friedrich Schiller; na psicologia analítica de Carl Gustav Jung e na transformação alquímica pela *imaginação ativa* utilizada por Jung. Esses autores têm em comum o fato de transitar com seu referencial teórico no eixo existente entre o consciente e o inconsciente, entre a razão e a sensibilidade, entre o sensível e o inteligível.

O ponto de partida é o próprio referencial teórico antroposófico e as origens da teoria cognitiva proposta por Rudolf Steiner, criador dessa cosmovisão, e, por sua vez, teoricamente subsidiado por Schiller e Goethe. Embora Steiner não cite diretamente esses autores, ele faz referência a ambos quando trata da cosmovisão e de Goethe, além de fundamentar a prática de pintura na *Doutrina das Cores* goethiana. Somente ao ler *A Educação Estética do Homem*, escrita por Schiller, é possível compreender como Steiner identificou-se com seus princípios educativos. A importância da pedagogia Waldorf, nesse sentido, é atualizar e realizar a proposta educativa schilleriana e organizar o procedimento metodológico que propicia essa prática. Steiner também se identifica com Schiller nas questões sociais, pois sua trimembração social traz muitos pontos semelhantes aos princípios éticos e morais discutidos pelo poeta e filósofo alemão. A teoria cognitiva steineriana desenvolve aspectos que abrangem a cosmovisão goethiana e schilleriana. Pode-se dizer que Steiner ampliou e aprofundou as discussões de ambos.

Utilizo Jung para o tratamento das questões que tangem sensibilidade e sua contribuição nesta discussão, uma vez que é possível analisar certas questões que margeiam a religiosidade e o esoterismo pelo viés teórico da Psicologia, sem cair em tabus acadêmicos. Uma vez que a pedagogia Waldorf promove a relação entre arte, sensibilidade e intuição, procuro compreender o papel da arte no desenvolvimento humano, investigando como essa pedagogia contribui para equilibrar razão e sensibilidade por meio da educação. Reflito sobre como essa pedagogia, ao utilizar a expressão artística em sua prática cotidiana, desenvolve a imaginação criativa antes de chegar ao conceito elaborado pela razão, permitindo que essas faculdades se harmonizem, apontando a possibilidade de que isso seja veiculado pela aplicação da arte em sua metodologia.

A importância da arte nessa pedagogia, aliada à imaginação, à intuição e à inspiração, demonstra a estreita ligação entre arte e sensibilidade, que se apresenta como caminho para a harmonização da alma humana em uma aprendizagem subsidiada pela arte, a qual contribui para o desenvolvimento da razão, da intuição, da emoção e do sentimento.

Em sua prática, os professores de uma escola Waldorf são chamados a tomar nas mãos uma tarefa social: educar por meio da imaginação, da inspiração e da intuição, que são tidas como ferramentas básicas da sua prática cotidiana. Segundo a visão steineriana, a época cultural na qual vivemos exige o desenvolvimento dessas faculdades, que o professor desenvolve primeiramente em si mesmo. Só então poderá lidar melhor com o desenvolvimento de seus alunos, pois saberá como cultivar tais faculdades anímicas na criança e no jovem. Para isso, o trabalho artístico pedagógico é fundamental, justificando os procedimentos da arte aplicada ao ensino. Os caminhos seguidos pelo professor Waldorf fundamentam-se naquilo que a arte e o enfoque artístico podem fornecer como subsídio para a atuação docente, sendo mais do que simples procedimentos metodológicos.

Parto do pressuposto de que a arte na educação é a prática a ser incorporada ao processo de ensino-aprendizagem (conforme ocorre no cotidiano das escolas Waldorf), que funciona como um caminho para a expressividade, a sensibilidade, o senso estético e o respeito mútuo entre os seres humanos. Discuto o papel da arte e do lúdico como promotores do desenvolvimento de qualidades essenciais ao desenvolvimento e à formação humana, tais como a observação, a sensibilidade, a imaginação, a inspiração e a intuição, que alimentam o processo criativo. Acredito que essa é uma questão a ser respondida pela qualidade de educação proporcionada, discussão presente nesta obra.

PREFÁCIO

No contexto de estudos e reflexões sobre a Pedagogia Waldorf, arte de educar, proposta pedagógica que enfatiza a importância da utilização de recursos artísticos no ensino, Rosely Aparecida Romanelli tece considerações sobre a ruptura entre ciência, arte, religião e ética e sobre a possibilidade de religação desses componentes. Reconhecendo que o ensino de base antroposófica contribui para a promoção de equilíbrio entre razão e sensibilidade, a autora analisa aquarelas produzidas por alunos de uma Escola Waldorf paulistana para tecer considerações sobre a função dessa atividade no desenvolvimento cognitivo. O entendimento de cognição não permanece aqui restrito às funções cognitivas tradicionalmente reconhecidas – atenção, percepção, memória e linguagem –, mas é ampliado para abranger outras funções psíquicas (anímicas) envolvidas no ato de conhecer: emoção, sentimento, sensação, intuição e imaginação.

Para analisar aquarelas de alunos de todos os anos de ensino, com vistas a explorar a dinâmica estabelecida entre consciente e inconsciente, razão e sensibilidade, funções cognitivas e afetivas, Rosely recorre a referências teóricas da Psicologia Analítica de Jung, que afirma a possibilidade de transformação alquímica por meio da imaginação; a Rudolf Steiner, cuja proposta de educação antroposófica fundamenta-se em princípios da educação estética do homem, de Schiller, e na cosmovisão científica e artística de Goethe e de Durand, que particulariza aspectos da imaginação.

Na proposta pedagógica de Steiner, que inclui entre seus principais objetivos o de preparar o indivíduo para o exercício pleno de liberdade, são valorizados aspectos do desenvolvimento do pensar, do sentir e do agir e é dada especial ênfase a qualidades anímicas, entre as quais as imaginativas e intuitivas.

Após discorrer sobre a concepção antroposófica de desenvolvimento cognitivo e afetivo e sobre a proposta educacional a ela atrelada, particulariza aspectos da "aula principal", sempre repleta de vivências artísticas, dada a convicção de que a educação estética favorece o exercício da imaginação criadora. Rosely refere-se à relevância das diversas práticas – trabalhos manuais, desenho de formas, expressões geométricas, uso de luz e sombras, confecção de papiros – para, enfim, deter-se na análise das aquarelas.

Por meio de um rigoroso estudo acadêmico, confirma o fato de a arte servir de mediadora entre razão e sensibilidade, entre consciente e inconsciente, durante o processo de ensino-aprendizagem. Confirma também que processos educacionais que estimulam o uso da imaginação e da intuição favorecem a conquista do "estado estético", propiciador de liberdade pessoal e de respeito mútuo nas interações humanas.

É fato reconhecido que a educação ocidental tem menosprezado a função imaginativa e priorizado o desenvolvimento das funções cognitivas classicamente definidas. O Ensino Waldorf enfatiza a importância da observação atenta da natureza e dos objetos, propondo que se busque o conhecimento da essência dos seres e das coisas por caminhos não racionais para, posteriormente, proceder à formulação de conceitos.

Estando a experiência sensorial agregada à imaginativa, a arte serve de base metodológica do ensino. Imagens são eliciadas por narrativas e pela contemplação da natureza e de obras artísticas; imagens emergentes da subjetividade ganham materialidade por meios gráficos e não gráficos de expressão – desenho, pintura, modelagem, dança –, e esse procedimento pedagógico favorece o desenvolvimento pleno. A adoção de uma perspectiva artística para olhar as coisas do mundo supõe a possibilidade de apreender a essência por meio de observação atenta, competindo à função imaginativa a produção de imagens. Mas não se restringe a isso: consiste em recurso de acesso à realidade última dos seres.

Não é à toa que para Steiner a busca de conhecimento sobre a natureza humana deve associar observação científica e observação artística, assim como, não é à toa que a fusão dessas duas modalidades de observação tenha sido por ele designada *conhecimento imaginativo*.

O encantamento produzido em mim pelo tema abordado por Rosely impele-me a revisitar Ibn' Arabi, grande mestre da tradição islâmica, na obra *A mística do coração: a senda cordial de Ibn' Arabi e João da Cruz*[1], de Souza. Para Ibn' Arabi, que entende a dinamicidade cósmica como perpétua teofania, é o coração que possibilita ao ser humano olhar além de si e da experiência sensória para enxergar em tudo as manifestações do Sagrado, do Real, incomensurável e incognoscível. E se revisito esse místico neste contexto, o faço pela importância por ele reconhecida da função imaginativa e da arte.

Sendo o cosmo entendido como "emanação", "irradiação" do Real, tudo nele, cada entidade cósmica, é *locus* teofânico. De tal modo que todos os objetos do mundo empírico somente existem se considerados na relação com a unidade essencial, subjacente à sua "existência". Ou seja, Ibn' Arabi compreende o mundo fenomênico com base em uma ontologia fundamentada na concepção de cinco planos do Ser, cinco formas do Ser se fazer presente, cada plano representando um modo ontológico da Realidade Absoluta em sua automanifestação, e que podem ser resumidos da seguinte forma: (1) plano da essência absoluta, da absoluta não manifestação; (2) plano dos atributos e dos nomes; (3) plano das ações; (4) plano das imagens e da imaginação e (5) plano dos sentidos e da experiência sensível.

---

[1] SOUZA, Carlos Frederico Barboza de. *A mística do coração*: a senda cordial de Ibn'Arabi e João da Cruz. São Paulo: Paulinas, 2010.

O 1º plano, da essência absoluta, da absoluta não manifestação, do Mistério dos mistérios, é inacessível e incognoscível. O 2º plano, dos atributos e dos nomes, plano da presença divina, e o 3º plano, das ações divinas, representam o Supremo em manifestações somente acessíveis a seres humanos se mediadas pelo 4º plano, o das imagens e da imaginação, importante por sua função mediadora entre os planos puramente espirituais, e o 5º plano, do mundo fenomênico, dos sentidos e da experiência sensível. Essa organização possibilita dar aos seres e às coisas o valor que lhes é próprio, ou seja, reconhecer neles sua "função teofânica" e não apreendê-los como dados de uma realidade estritamente material.

Ao tratarmos da arte como recurso pedagógico no Ensino Waldorf, estamos referindo-nos a possibilidades de explorar potencialidades e recursos do 4º plano, pois, as teofanias passíveis de acesso habitam esse universo, que concretiza aspectos do Sagrado no âmbito das imagens e da imaginação. Segundo Ibn' Arabi, o mundo não seria teofania sem a imaginação e reconhecê-la é reconhecer que o mundo não tem existência autônoma.

Como o 4º plano – o imaginal – situa-se entre o sensível e o puramente espiritual, há nele elementos dos demais planos: nele os seres espirituais e as ideias dos planos superiores do Ser, desprovidas de forma, adquirem configuração imaginal e, simultaneamente, elementos do mundo fenomênico figuram como "corpos sutis", distintos dos "corpos sensíveis". Ibn' Arabi diz que os "corpos sensíveis", sejam finos e transparentes ou densos, sejam visíveis ou invisíveis, são familiares aos homens comuns. Não ocorrendo o mesmo com os "corpos sutis", dos quais se servem espíritos para serem vistos por pessoas em estado de vigília, condição em que se apresentam como "corpos sensíveis", ou durante o sono, quando as formas percebidas assemelham-se às de "corpos sensíveis", embora não integrem essa categoria.

De modo análogo, as realidades invisíveis, ao serem "imaginalizadas", adquirem visibilidade, enquanto as realidades materiais, visíveis, ao serem "imaginalizadas", adquirem fisionomia espiritual. Assim, as imagens do 4º plano do Ser são parcialmente sensíveis, parcialmente inteligíveis.

Atentemos ao fato de que a concepção Ibn' arabiana de mundo imaginal e de imaginação deve ser diferenciada da concepção de imaginação como função do psiquismo humano, como algo da esfera da criatividade pessoal, de caráter fictício ou ilusório. Para esse mestre, o plano imaginal é, como referido antes, uma dimensão ontológica e objetiva do cosmo, não redutível, pois, ao entendimento que dele fazem as psicologias de primeira e segunda forças.

Como diz Henry Corbin, o *mundus imaginalis*, tão ontologicamente real quanto o mundo dos sentidos e do intelecto, requer uma faculdade de percepção que lhe é própria e que exerce sua função cognitiva de modo tão eficiente quanto as faculdades de percepção sensorial descritas pelas psicologias clássicas. Lembrando sempre o enfatizado pelos Vedas: a função imaginativa não deve ser confundida com a produção de fantasias, próprias de um mundo ilusório.

Na dimensão dos sentidos e da experiência sensível, 5º plano, nível fenomênico de manifestação dos planos espirituais, reflete-se o plano da essência, da realidade última, do absoluto Mistério. Seu caráter metafórico-simbólico – remete sempre a algo além de si – exige que seja reconhecido como o plano de representações simbólicas do Real, de reflexos do Sagrado. Por isso, e a educação Waldorf realiza brilhantemente essa tarefa, é preciso olhar o mundo sensível e reconhecer nele, com admiração devocional, a presença do Ser, processo que Ibn' Arabi denomina *desvelamento* ou *intuição mística*: ver cada ente do mundo sensível como *locus* de manifestação do Real, reconhecendo que a "realidade" do mundo contém sinais de orientação para a realidade divina, origem, apoio e lugar de regresso das existências humanas.

Cabe assinalar, contrariando a rigidez da lógica formal, tão familiar para nós, que os cinco planos constituem uma totalidade orgânica, havendo profunda conexão entre eles, dado que o Real configura-se como o conjunto total dos planos por ser isto e aquilo, simultaneamente. E, ainda contrariando a rigidez da lógica formal, reconhecer que o cosmo não é uma organização fixa, um conjunto estável de ocorrências lineares de causa e efeito, mas, sim, um formidável e interminável conjunto de possibilidades combinatórias de um universo sem costura, uma imensa rede de conexões que interliga elementos entre si e cada um deles com o todo.

Ao considerarmos a arte como campo de possibilidades de expressão de imagens visuais, sonoras, táteis... no plano dos fenômenos e das experiências sensíveis, reconhecemos as expressões artísticas, e mesmo as artesanais, como sinais daquilo que é, que existe em realidade, nos planos superiores. Sob essa ótica, as atividades artísticas propostas pelo Ensino Waldorf integram um plano educacional cuja elaboração não esteve alicerçada exclusivamente no pensamento racional, lógico-causal. Não podemos esquecer que Rudolf Steiner, reconhecidamente um respeitável intelectual, era também, e principalmente, um iniciado nos Mistérios.

Sob essa ótica, se faz imperativo ampliar o conceito de desenvolvimento cognitivo para além dos limites da neuropsicologia acadêmica clássica, que entende por objetos da cognição somente o passível de ser apreendido no mundo fenomênico por meio de uma atenção e de uma percepção que, dirigidas a fenômenos do 5º plano, ali estanca e ali permanece. Somos impelidos a expandir tal concepção, abandonar essa leitura pálida, acanhada, monocromática, e sairmos em direção a outra, abrangente, policromática, luminosa, para a qual o desenvolvimento cognitivo inclui o aprimoramento da função imaginativa, da intuição e da inspiração.

Quando o menino e a menina de uma Escola Waldorf debruçam-se sobre o papel e espalham tintas para criar formas indeléveis com os recursos da aquarela, trazem para a dimensão consciente joias do inconsciente e expressam sentimentos que os habitam. Sim, isso é verdade. Mas não apenas isso: muito mais do que isso! Essas crianças são preparadas, lenta e gradativamente, para a conquista de uma condição humana que lhes propicie acesso a outros planos do Real. Da ação disciplinada, cotidiana, de uma pedagogia que exercita a função imaginativa por meio de atividades literárias e artísticas, inevitavelmente resultará a especial capacidade de contatar o Real, seja por meio da contemplação, seja por meio da meditação, e receber diretamente da nascente a água que vitaliza o bom, o belo e o verdadeiro. Furtar-se aos apelos de fantasias e ilusões para entrever, além dos véus, o Sagrado, sem enfraquecimento da liberdade individual nem do compromisso com as pessoas e com os coletivos do próprio tempo e lugar, não é esse um belo destino humano?

Gratidão, pois, à Rosely, caminhante da Senda, que nos presenteia com este texto e, por meio dele, reativa, dinamiza em nós a força dos princípios da Sabedoria.

São Paulo, 16 de maio de 2017

Profª Drª Ronilda Iyakemi Ribeiro
Mãe Waldorf
Profª Sênior do Instituto de Psicologia da Universidade de São Paulo
Pesquisadora do Instituto de Ciências Humanas da Universidade Paulista

LISTA DAS ILUSTRAÇÕES

Capítulo 2
Figuras 1...117
Figura 2 e 3..118
Figura 4..119
Figura 5..121
Figura 6 e 7..122
Figuras 8 e 9..123
Figura 10..125
Figura 11..127
Figura 12..128
Figura 13..129
Figura 14..130
Figuras 15 e 16..131
Figura 17..132
Figura 18..133
Figura 19..134

Capítulo 3
Figura 1..145

Capítulo 4
Figuras de 1 a 4..199
Figuras de 5 a 9..200
Figuras de 10 a 14..201
Figuras de 15 a 19..202
Figuras de 20 a 24..203
Figuras de 25 a 29..204
Figuras de 30 a 34..205
Figuras de 35 a 39..206
Figuras de 40 a 44..207
Figuras de 45 a 49..208

Figuras de 50 a 53 209
Figuras de 54 a 58 210
Figuras de 59 a 62 211
Figuras de 63 a 67 212
Figuras de 68 a 72 213
Figuras de 73 a 77 214
Figuras de 78 a 82 215
Figuras de 83 a 87 216
Figuras de 88 a 92 217
Figuras de 93 a 97 218
Figuras de 98 a 102 219
Figuras de 103 a 107 220
Figuras de 108 a 112 221
Figuras de 113 a 117 222
Figuras de 118 a 122 223
Figuras de 123 a 128 224
Figuras de 129 a 132 225

Capítulo 5
Figura 1 229
Figura 2 230
Figuras 3 e 4 231
Figura 5 232
Figuras 6 e 7 233
Figuras 8 e 9 234
Figuras 10 e 11 235
Figura 12 237
Figuras 13, 14 e 15 238
Figura 16 239
Figuras 17, 18 e 19 240
Figura 20 241
Figuras 21 e 22 242
Figuras 23 e 24 243
Figuras 25 e 26 244
Figura 27 245
Figura 28 246

Figura 29 247
Figura 30 248
Figuras 31 e 32 249
Figura 33 250
Figuras 34 e 35 251
Figura 36 252
Figuras 37 e 38 253

SUMÁRIO

CAPÍTULO 1
A PSICOLOGIA JUNGUIANA COMO APORTE TEÓRICO PARA O ENTENDIMENTO DE RAZÃO E SENSIBILIDADE 27

CAPÍTULO 2
A PEDAGOGIA WALDORF COMO ARTE DE EDUCAR 63

2.1 A influência de Schiller e Goethe na cosmovisão antroposófica 63
2.2 A concepção de homem, educação e sociedade na cosmovisão antroposófica 95
2.3 A ruptura entre conhecimento, arte, religião e moralidade e sua religação na Pedagogia Waldorf 111
2.4 A Aula Principal – vivências artísticas fundamentais 116

CAPÍTULO 3
A ARTE NA PEDAGOGIA WALDORF 141

CAPÍTULO 4
A ANÁLISE DAS AQUARELAS 159

4.1 Aquarelas do primeiro ano 161
4.2 Aquarelas do segundo ano 167
4.3 Aquarelas do terceiro ano 171
4.4 Aquarelas do quarto ano 173
4.5 Aquarelas do quinto ano 177
4.6 Aquarelas do sexto ano 180
4.7 Aquarelas do sétimo ano 184
4.8 Aquarelas do oitavo ano 195

AQUARELAS 199

CAPÍTULO 5
A RELEVÂNCIA DAS OUTRAS PRÁTICAS ARTÍSTICAS E ARTESANAIS 227

5.1 Os trabalhos manuais 228
5.2 Desenhos de formas, geometria e teoria de luz e sombra 237
5.3 A confecção do papiro 245

CAPÍTULO 6
O DESENVOLVIMENTO COGNITIVO-AFETIVO
CONSIDERAÇÕES FINAIS 255

REFERÊNCIAS 263

CAPÍTULO 1

A PSICOLOGIA JUNGUIANA COMO APORTE TEÓRICO PARA O ENTENDIMENTO DE RAZÃO E SENSIBILIDADE

Considero o aporte da psicologia junguiana será fundamental para o entendimento deste livro. Em Jung encontra-se a base utilizada para entender como o equilíbrio entre inconsciente e consciente no ser humano é necessário para um desenvolvimento saudável das suas faculdades anímicas. Sua vasta obra traz o referencial teórico para a compreensão dessa dinâmica que proporciona a jornada da individuação humana. Essa seria a missão do ser humano ao longo de uma vida. Essa é a busca pela individuação para Jung. Em Steiner essa busca é feita por meio da educação para as crianças e para os jovens e da autoeducação para os adultos. O fato de esse processo ocorrer em todos os momentos da vida humana conduz à discussão de como ele se inicia na vida durante a fase de formação infantojuvenil, com foco na fase escolar correspondente ao ensino fundamental.

Os conceitos junguianos são importantes para o entendimento desse processo. Entre eles são especialmente relevantes os conceitos de individuação, símbolo, arquétipo, intuição, consciente e inconsciente, *anima* e *animus* e *si-mesmo*. Eles compõem o cerne da teoria junguiana. O símbolo, segundo Jung[2], é uma produção espontânea da psique individual, que, surgindo das vivências do indivíduo, se organiza em torno de um arquétipo. Ele surge em sonhos ou fantasias e pode traduzir símbolos coletivos importantes, como a cruz, a estrela de Davi ou a mandala. Trata-se de algo muito mais vivo e dinâmico do que um signo e traduz o estado psíquico do

---
[2] JUNG, Carl G. **O Homem e seus Símbolos**. 5. ed. Rio de Janeiro: Nova Fronteira, 1986.

momento vivenciado pelo indivíduo. Possui conotações especiais que vão além de seu significado evidente e convencional, implicando alguma coisa vaga, desconhecida ou oculta para o indivíduo. Ou seja, traz em si aspectos inconscientes mais amplos que nunca são precisamente definidos ou de todo revelados.

O símbolo apresenta uma natureza altamente complexa[3], pois na sua composição entram todas as funções psíquicas. Sua natureza então não é racional nem irracional[4]. Possui um lado acessível à razão e outro que lhe é inacessível uma vez que apresenta dados racionais e dados irracionais, fornecidos tanto pela percepção interna quanto pela externa. A carga de pressentimento e de significado que um símbolo contém afeta, portanto, tanto o sentimento quanto o pensamento, atingindo tanto a sensação quanto a intuição. Ele é, assim, *"a melhor expressão possível e insuperável do que ainda é desconhecido para determinada época"*[5]. Isso significa que o símbolo é anterior ao significado para Jung[6].

Para entender a noção de arquétipo, é necessário compreender primeiro a de imagem, uma vez que Jung[7] também denomina o primeiro de imagem primordial. A imagem é uma representação imediata oriunda da linguagem poética, considerada pelo autor a *imagem da fantasia*, que se relaciona de forma indireta com a percepção do objeto externo ao indivíduo. Portanto, ela depende da atividade inconsciente da fantasia, é produto dela, aparecendo de maneira espontânea na consciência, tal como a visão ou a alucinação, sem ter, no entanto, o caráter patológico desta. A imagem é a representação da fantasia. Enquanto grandeza interna, é complexa e se compõe de diversos materiais e procedências, sendo,

---

[3] JUNG, Carl. **Tipos Psicológicos**. Petrópolis: Vozes, 1991. p. 447.
[4] Jung emprega o conceito de *irracional* no sentido de *extrarracional*, ou seja, daquilo que não pode ser fundamentado pela razão, que ocorre por obra do acaso e que só em um momento posterior será passível de demonstração pela causalidade racional (JUNG, 1991, p. 431-432).
[5] JUNG, 1991, p. 444.
[6] Idem.
[7] Idem.

apesar disso, um produto homogêneo com sentido próprio e autônomo. É uma expressão concentrada da situação psíquica como um todo, trazendo à tona conteúdos inconscientes *momentaneamente constelados*[8]

Quando Jung qualifica o arquétipo como imagem primordial, significa que essa imagem possui um caráter arcaico, apresentando motivos mitológicos conhecidos, sendo então qualificada como arquétipo. Correspondendo, nesse caso, frequentemente a temas mitológicos que reaparecem em contos e lendas populares de épocas e culturas diferentes. Os mesmos temas podem ser encontrados em sonhos e fantasias de muitos indivíduos. De acordo com Jung[9], os arquétipos, como elementos estruturais e formadores do inconsciente, dão origem tanto às fantasias individuais quanto às mitologias de um povo. Sua origem não é conhecida, pois se repetem em qualquer época e lugar do mundo, não podendo ser explicados por transmissão de descendência direta ou por "fecundações cruzadas" resultantes de migração. Os arquétipos se organizam em torno de uma base de vivências dos seres humanos que, por sua vez, são ancoradas em sua corporeidade. Jung diz também que a imagem primordial é a expressão condensada de um processo vivo que dá um sentido ordenado e coerente às percepções sensoriais e às percepções interiores do espírito, sendo um preâmbulo da ideia, sua *terra-mãe*[10]. É a partir dessa imagem primordial que a razão pode desenvolver o conceito enquanto ideia, que se distingue de outros conceitos que se formam por meio da experiência.

Já a intuição, segundo Jung[11], é uma função psicológica básica, que transmite a percepção por via inconsciente. O objeto dessa percepção pode ser uma coisa interna ou externa, tornando

---

[8] JUNG, 1991, p, 418.
[9] Idem, 1986.
[10] Ibidem, 1991, p. 420.
[11] Idem.

a intuição de natureza subjetiva ou objetiva. No primeiro caso, é uma percepção originada por fatores psíquicos inconscientes ligados ao sujeito que intui. No segundo caso, a percepção provém de impressões subliminais que evocam pensamentos e sentimentos. Para Jung[12], a intuição é uma forma de processar informações da experiência passada, dos objetivos futuros e dos processos inconscientes. Ela é quase indispensável ao indivíduo para que ele interprete as ideias ou imagens que emergem do conteúdo inconsciente ultrapassando o limiar entre ele e a consciência. Isso ocorre porque o inconsciente é uma espécie de depósito de toda espécie de componentes psíquicos subliminais, inclusive aqueles que assimilamos subliminarmente pelos sentidos. Alguns chegam ao limiar da consciência por meio da intuição, outros chegam pelos sonhos ou por meio da fantasia. Jung[13] afirma que a maior parte desse conteúdo não é sequer processada durante a existência do ser humano. Ele acredita igualmente que há razões para supor que o inconsciente jamais se encontra em repouso, inativo, mas que está sempre empenhado em agrupar e reagrupar seus conteúdos. Em um estado patológico, essa atividade pode tornar-se autônoma; mas, de um modo normal, ela é coordenada com a consciência em uma relação compensadora.

Jung[14] também considera que as tendências inconscientes têm um objetivo situado além da consciência humana. Isso o faz desdobrar o conceito inicial de inconsciente em outros dois: inconsciente pessoal e inconsciente coletivo. Enquanto na instância pessoal os conteúdos inconscientes que vêm à tona podem ser contextualizados em uma esfera de ação pessoal, o inconsciente coletivo trabalha com imagens arquetípicas, primordiais, que se referem aos conteúdos recorrentes nas mitologias, nas religiões e nas culturas de vários povos.

---

[12] JUNG, 1986.
[13] Idem, 1979.
[14] Idem.

A consciência é a parte racional e objetiva da psique que procura organizar o sentido de todo conteúdo que ultrapassa o limiar do inconsciente e vem à tona para ser exteriorizado, de modo que seja feito o equilíbrio compensador supracitado. Existe perigo se o consciente "resolve" racionalizar todo o conteúdo psíquico destruindo seu significado próprio e caindo no extremo oposto do estado patológico pelo qual o inconsciente se torna autônomo. Em ambos os extremos, o inconsciente busca dar vazão aos seus conteúdos represados de forma desordenada e ocasiona as diversas patologias mentais.

Os conceitos de *anima* e *animus* têm uma relação, respectivamente, com a razão – o *logos*, o consciente – e a sensibilidade[15]. A *anima*, segundo Jung[16], é a personificação de todas as tendências psicológicas femininas na psique do homem – os humores e os sentimentos instáveis, a sensibilidade desmedida que pode gerar rancores, os desejos de vingança e a desesperança, as intuições proféticas, a receptividade ao irracional, a capacidade de amar, a sensibilidade à natureza e a própria capacidade de se relacionar com seu inconsciente. Por sua vez, o *animus* personifica os aspectos masculinos no inconsciente da mulher. Ele usualmente se expressa nas convicções secretas e sagradas que a mulher possa manifestar. As atitudes pelas quais ela se impõe no mundo, especialmente se de forma violenta, revelam o *animus*. As reflexões semiconscientes, frias e destruidoras, bem como certas passividades e paralisações de sentimentos, certas inseguranças que levam a uma sensação de nulidade e de vazio, que podem ser resultantes de uma opinião inconsciente do *animus*, são aspectos negativos dele. À medida que o trajeto de individuação é percorrido, o *animus* relaciona a mente feminina com a evolução espiritual de sua época. O processo de individuação proposto pela psicologia analítica trata da integração desses polos opostos da

---

[15] JUNG, Emma. **Animus e Anima**. São Paulo: Cultrix, 1995, p. 17-18.
[16] JUNG, 1986.

alma humana, independentemente dos caracteres sexuais biológicos individuais, buscando a harmonia entre esses polos, para o equilíbrio cognitivo e afetivo de cada ser humano.

A individuação é um processo de formação e particularização do ser individual, especialmente no que diz respeito ao seu desenvolvimento psicológico enquanto ser distinto do conjunto, da psicologia coletiva. Portanto, pode-se dizer que é um processo de diferenciação que objetiva o desenvolvimento da personalidade individual. Trata-se de uma necessidade natural, que não deve ser coibida e, sim, possibilitada. A individualidade já é dada como aspecto físico e fisiológico. O aspecto psicológico correspondente se manifesta a partir dessa base biológica. O indivíduo não é um ser único e isso pressupõe seu relacionamento em uma coletividade. A individuação enquanto processo conduz a uma intensificação e uma maior abrangência desse relacionamento, preservando a liberdade individual, sua vitalidade e participação em uma sociedade que consegue manter sua coesão interna e seus valores coletivos[17].

Existe também o aspecto da individuação que está ligado à *função transcendente,* ao desenvolvimento e à integração do *animus* e da *anima,* ao equilíbrio e ao desenvolvimento das funções racionais e irracionais. Essas atividades da psique humana traçam as linhas de desenvolvimento individual que não podem ser adquiridas pelos caminhos instituídos pelas normas coletivas. O processo deve ocorrer por meio da valorização natural dessas normas coletivas e do respeito às necessidades individuais. Deve acontecer um equilíbrio entre a necessidade dessa regulamentação coletiva e a moralidade individual que brota do desenvolvimento da consciência do ser humano. A individualidade psicológica é dada a partir de sua base física. A individuação surge no processo de diferenciação que torna consciente a individualidade, separando-a do objeto[18].

---

[17] JUNG, 1991.
[18] Ibidem.

Para que o processo de individuação ocorra, a elaboração de conteúdos simbólicos que emergem do inconsciente é trabalhada em terapia na psicologia junguiana por meio da imaginação ativa. Esse procedimento consiste em trabalhar os conteúdos inconscientes com uma intervenção controlada do consciente. Guardadas as devidas proporções, considero esse processo análogo à atividade artística, que é utilizada como veículo para concretizá-lo, pois a elaboração artística trabalha com percepções que são trazidas à tona e tornadas conscientes por meio da obra realizada. Jung[19] considera o inconsciente como a mãe criadora da consciência, uma vez que é a partir do primeiro que se desenvolve a segunda. Esse é o princípio de sua teoria sobre o desenvolvimento da personalidade humana. Os conteúdos surgem do inconsciente e são elaborados com o auxílio do consciente.

Em sua obra *A Natureza da Psique*, Jung[20] retoma esta ideia de que a consciência se faz de conteúdos do inconsciente atravessando o limiar e se tornando conscientes, acreditando que não seja possível considerar o conhecimento racional sem considerar sua contraparte intuitiva que brota inconscientemente por meio da imagem e do símbolo. Em seu livro *A Energia Psíquica*[21], ele diz que seria preciso mergulhar nas obscuridades da psique, que vão bem além das categorias propostas pelo nosso intelecto, pois a alma humana possui tantos mistérios que só um espírito desprovido de imaginação pode ser capaz de negar suas próprias insuficiências. Segundo ele, somente o *"estardalhaço iluminista"*[22] não é capaz de perceber essa necessidade. Isso reforça o fato de seu ponto de vista incluir as qualidades sensíveis (irracionais) como fator de equilíbrio das qualidades racionais.

---

[19] JUNG, C. G. **O Desenvolvimento da Personalidade**. Petrópolis: Vozes, 1981.
[20] Idem. **A Natureza da Psique**. 3. ed. Petrópolis: Vozes, 1997.
[21] Idem. **A Energia Psíquica**. 6. ed. Petrópolis: Vozes, 1997a.
[22] O grifo é de Jung.

Para entender melhor esse equilíbrio que Jung considerava tão importante, deve-se esclarecer alguns pontos essenciais sobre as chamadas funções de adaptação. Para Jung[23], elas cumpriam o papel de pontos cardeais utilizados pela consciência para fazer o reconhecimento do mundo exterior e nele se orientar. Elas são a sensação, o pensamento, o sentimento e a intuição. A *sensação* constata a presença das coisas que cercam o indivíduo e o adapta à realidade objetiva. O *pensamento* esclarece o que significam os objetos, julgando, classificando e discriminando uns dos outros. O *sentimento* faz uma estimativa deles, conferindo-lhes valor em uma lógica diferente daquela utilizada pelo pensamento, que é a do coração. A *intuição* é uma percepção que ocorre via inconsciente, apreendendo a atmosfera em que se movem os objetos, de onde eles vêm e como possivelmente se desenvolverão.

As quatro funções estão presentes em cada indivíduo, porém de maneira que sempre uma delas seja mais consciente do que as outras, sendo por isso chamada de *função principal* por Jung. As outras três apresentam-se em uma gradação de desenvolvimento a partir da principal até aquela que menos se faz consciente e por isso torna-se a *função inferior*. Elas também surgem em posições polares, opostas, duas a duas. Assim, intuição como função principal gera sensação como função inferior e vice-versa. Por sua vez, pensamento em sentido polarizado com o sentimento se apresenta como função principal quando o segundo se mostra na função inferior e vice-versa. A função principal é a tônica de adaptação que o indivíduo escolheu para orientar-se no mundo[24].

Essas funções complementam-se com os conceitos de extroversão e introversão para consolidar o conhecimento sobre os tipos psicológicos propostos por Jung. A extroversão é classificada por um comportamento em que o sujeito vai ao encontro

---

[23] Jung, 1991.
[24] Idem, 1986.

do objeto no que diz respeito ao movimento de sua energia psíquica. A energia do indivíduo flui em direção ao objeto. No caso da introversão, essa energia recua diante deste, que parece ter um caráter ameaçador para o sujeito, orientando-se por determinações de caráter subjetivo. Jung aponta para um movimento de compensação entre as formas de direcionamento dessa energia psíquica, também conhecida por *libido*, segundo sua terminologia.

Para Jung[25], "tipo é um exemplo ou modelo que reproduz o caráter de uma espécie ou generalidade". Ele é um modelo característico de uma atitude geral que aparece manifestada em muitas formas individuais. Ele considera quatro atitudes fundamentais, que orientam as funções psicológicas básicas já descritas brevemente: pensamento, sentimento, intuição e sensação. É o fato de que uma delas se estabelece como habitual, imprimindo um cunho determinado à personalidade individual que caracteriza o tipo psicológico. A atitude somada a uma função psicológica básica define os tipos psicológicos, que são pensamento extrovertido, sentimento extrovertido, sensação extrovertida, intuição extrovertida, pensamento introvertido, sentimento introvertido, sensação introvertida e intuição introvertida. As funções, por sua vez, dividem-se em duas classes: racionais e irracionais, de acordo com a qualidade da função básica predominante.

Para compreender melhor, então, existem dois tipos genéricos denominados por Jung de extrovertido e introvertido, caracterizados pela maneira com que cada um se relaciona com o objeto. O tipo extrovertido tem um modo positivo diante do objeto, entendido como sua atitude subjetiva orientada na direção deste, sempre se reportando a ele para exercer suas funções básicas. O tipo introvertido comporta-se de forma abstrativa, preocupando-se em retirar a libido do objeto e tentando prevenir-se contra um suposto superpoder deste, deixando-o

---

[25] JUNG, 1991, p. 450.

fora do exercício das suas funções básicas. Essas diferenças vão além da formação do caráter individual, segundo o autor. Ele afirma que, à medida que se aprofunda o trabalho com um maior número de pessoas, descobre-se que essas atitudes típicas são mais genéricas do que poderiam parecer inicialmente. Trata-se de uma *oposição fundamental sempre perceptível* que ocorre entre as funções de adaptação[26], encontrada em todas as camadas sociais e, independentemente das diferenciações sexuais. Jung explica esse fenômeno psicológico geral pelos seus antecedentes biológicos fundantes. O processo de adaptação é a relação entre o sujeito e o objeto, que, visto na perspectiva biológica, explica a necessidade dos tipos em uma analogia com os processos de adaptação fisiológica. O extrovertido, nessa óptica, caracteriza-se por sua constante doação e intromissão em tudo; enquanto o introvertido busca defender-se contra as solicitações externas e precaver-se contra os dispêndios de energia na relação com o objeto, criando uma posição confortável e segura para si próprio.

Os dois tipos são definidos por Jung com base no processo de interação entre o consciente e o inconsciente. Partindo da descrição dos fenômenos conscientes, ele inicia o aprofundamento do tipo extrovertido pela atitude geral da consciência. Esse tipo orienta-se pelos dados e fatos objetivos fornecidos pelo mundo exterior, de modo que suas decisões e ações cotidianas e habituais são pautadas por condições objetivas da sua existência neste mundo. Para ele, o objeto e as condições objetivas são fatores condicionantes de suas opiniões subjetivas. "Sua consciência toda olha para fora porque a determinação importante e decisiva sempre lhe vem de fora". No entanto, Jung esclarece que isso só ocorre porque o indivíduo permite que ocorra dessa forma e não de outra[27]. Essa é sua peculiaridade psicológica. As leis morais que ele segue são aquelas conce-

---

[26] JUNG, 1991, p. 317.
[27] Ibidem, p.319.

bidas pela sociedade e aceitas por ele como válidas. Seu ajuste às circunstâncias dadas lhe facilita a adaptação às condições de trabalho e sobrevivência que se apresentam como as ideais no momento vivido e às expectativas do meio social e ambiental a seu respeito. Suas necessidades subjetivas não são consideradas e esse se torna seu ponto fraco, levando-o a desconsiderar questões de saúde física e bem-estar pessoal.

Do ponto de vista da atitude inconsciente, é preciso lembrar que o inconsciente sempre busca uma relação compensatória com o consciente. A unilateralidade da atitude extrovertida causada pelo fator objetivo preponderante causa a tendência de *desfazer-se de si mesmo*[28] em benefício do objeto, assimilando seu sujeito a ele. Dessa maneira, caracteriza-se uma atitude compensatória do inconsciente para uma complementação da atitude extrovertida que apresenta um aspecto introvertido, pois concentra a energia sobre todas as necessidades e pretensões subjetivas que são oprimidas ou reprimidas pela atitude extrovertida consciente. As tendências pessoais representadas por ideias, desejos, afetos, necessidades, sentimentos etc. assumem um caráter regressivo, podendo causar patologias diversas em nível físico e psíquico. No nível psíquico, elas apresentam seu aspecto regressivo nas funções menos diferenciadas, levando a colapso nervoso, neuroses, abuso de drogas e depressão, assumindo formas destrutivas e deixando de exercer, em um ponto extremo, suas funções compensatórias reais. Jung ressalta o fato de que o inconsciente não está enterrado sob camadas espessas que exijam penosas escavações, mas, ao contrário, flui sempre para o evento psicológico em curso no momento vivido e transforma a personalidade sem que o indivíduo se dê conta disso.

Quanto às funções psicológicas básicas, existem peculiaridades em cada uma delas, de acordo com a atitude extrovertida.

---
[28] JUNG, 1991, p.319.

O pensamento em geral é alimentado tanto por fontes subjetivas e inconscientes quanto objetivas, transmitidas por percepções sensíveis. No caso do pensar extrovertido, são essas últimas que determinam em grau mais elevado os critérios de julgamento. Não significa que o pensamento extrovertido se baseie simplesmente em ideias concretas, podendo ser fundamentado em ideias puras e abstratas que sejam transmitidas pela educação, instrução e tradição. O que torna o pensar extrovertido é o fato de sua orientação consistir em uma fonte externa. Sua conclusão também se orienta para fora, como no pensar prático do comerciante, do técnico, do pesquisador em ciências naturais. Mesmo na forma de ciência, filosofia ou arte, Jung afirma que nossa época valoriza e reconhece esse tipo e pensamento, que em sua opinião *aparece na superfície do mundo*[29]. Isso ocorre porque a perspectiva que o orienta enxerga a aparência e não a essência.

O tipo pensamento extrovertido caracteriza-se pelo indivíduo que se esforça por colocar toda a atividade de sua vida na dependência de conclusões intelectuais orientadas por dados objetivos, quer sejam fatos objetivos ou ideias válidas em geral. A realidade objetiva tem força decisiva orientando sua formulação intelectual, que admite medida para o bem e o mal e determina o belo e o feio. Essa fórmula define o que é certo e o que é errado, não permitindo exceções. O ideal tem que ser realizado custe o que custar, uma vez que é a mais pura formulação da realidade objetiva, cuja verdade é indispensável à salvação da humanidade, segundo os padrões de justiça e verdade e não do amor ao próximo[30]. Segundo Jung, se essa fórmula pessoal for suficientemente ampla, esse tipo pode desempenhar um papel social relevante como promotor público, conscientizador ou propagador de inovações importantes. Caso sua fórmula seja rígida, ele pode tornar-se um resmungão, sofista e crítico autojustificado, que comprime a si e aos outros em um

---

[29] JUNG, 1991, p.327.
[30] Ibidem.

esquema por ele criado ou aceito. Esse pode ser o caminho da tirania se levado ao extremo, com todas as consequências nefastas que se seguem a ela, que acabam por se voltar contra o próprio tirano. Pode haver também a opressão das formas e das atividades importantes para a vida e que dependem da esfera do sentimento, como as atividades estéticas, o paladar, o senso artístico, o cultivo da amizade etc. ou ainda das formas irracionais de experiências religiosas e paixões que podem ser sufocadas até o nível do inconsciente. Esses exemplos são típicos do aspecto patológico que nem sempre acontece, pois o indivíduo pode encontrar o equilíbrio interno em fórmulas atenuadas que atendem sua necessidade dessas vivências, criando uma espécie de válvula de segurança que o impeça de atingir níveis perigosos de conteúdos deixados à margem da consciência[31].

É relevante afirmar que Jung detalha minuciosamente as patologias desse e dos outros tipos, utilizando um raciocínio sempre baseado no equilíbrio e no desequilíbrio possível entre os aspectos conscientes e inconscientes, demonstrando que uma virtude pode sempre se transformar em defeito caso não seja trabalhada em um sentido capaz de manter esse equilíbrio tão delicado da psique humana. Outro aspecto que surge na descrição dos tipos é a predominância de determinada função ou atividade no homem ou na mulher. No caso do pensamento extrovertido, Jung afirma que ele é mais característico do homem. Quando ele predomina na mulher, o autor diz que esse pensamento se transforma em uma atividade intuitiva do espírito[32]

---

[31] JUNG, 1991.

[32] Apesar da afirmação inicial de que a classificação dos tipos e funções acontece independentemente da diferenciação sexual, Jung aponta em diversas passagens a predominância de um ou outro tipo ou de uma ou outra função no homem ou na mulher. Acredito que isso se deve à época em que ele viveu. Hoje em dia esses papéis já não surgem tão definidos e consequentemente os tipos e funções podem surgir e ser avaliados de acordo com a flexibilidade vigente. Sobre isso incide a diferença das definições de *anima* e *animus* de Hillman (HILLMAN, James. **Anima** – Anatomia de uma Noção Personificada. São Paulo: Cultrix, 1990) e de Emma Jung (1995), relativamente às dadas inicialmente por Jung.

O sentimento na atitude extrovertida tem o objeto como determinante indispensável do modo de sentir, estando de acordo com valores objetivos. Por valores objetivos, Jung entende aqueles que são tradicionais ou aceitos em geral por qualquer que seja a razão[33]. O indivíduo emprega o predicado de belo ou de bom ao objeto, independentemente de valores subjetivos. Ele o qualifica de acordo com o julgamento que é conveniente com o momento, de forma a não perturbar com seus comentários a presença do autor da obra artística, por exemplo, ou mesmo o seu proprietário. As situações nas quais o sentimento deve transparecer sempre encontram o aspecto positivo e corretamente dimensionado de expressão deste, sendo um fator criativo na manutenção positiva de empreendimentos e eventos sociais, filantrópicos e culturais. A imersão exagerada do sujeito no objeto, que o assimila totalmente, faz o indivíduo perder o caráter pessoal do seu sentir, apontado por Jung como o charme principal dessa função. Os aspectos negativos do sentimento surgem dessa imersão, tornando-o frio, material e não confiável[34]. Jung afirma que o sentimento extrovertido exagerado preenche as expectativas estéticas sem falar ao coração, atingindo apenas os sentidos ou a inteligência. O sujeito perde sua consistência e é absorvido pelos processos individuais de sentimento, anulando sua individualidade e tornando-o o próprio processo para aquele que o observa. O sentimento que transparece externamente dá a impressão de pose, de leviandade, de desconfiança e, em casos patológicos, torna-se histeria.

O tipo sentimento extrovertido é apontado por Jung como uma peculiaridade da psicologia feminina, sendo que os tipos sentimentais mais pronunciados são encontrados no sexo feminino, segundo sua observação[35]. Nesse tipo, o sentimento surge como

---

[33] JUNG, Carl G. **Mysterium Coniunctionis**. v. 2. Petrópolis: Vozes, 1990.
[34] Ibidem.
[35] Ibidem.

uma função educada, ajustada e submetida ao controle da consciência. Essa função assume caráter pessoal, apesar de o aspecto subjetivo ter sido reprimido em grande escala, dando a aparência de uma personalidade ajustada às condições objetivas e aos valores aceitos pela sociedade. É possível perceber esse fato pelas escolhas dos parceiros amorosos, que frequentemente são aceitos pela posição social, pela idade, pelas posses, pela beleza física e pela respeitabilidade de sua família. A aparência irônica e fútil dessa formulação não esconde o sentimento amoroso do tipo sentimento extrovertido e, sim, corresponde à sua escolha padronizada pelos fatores externos descritos anteriormente, que são totalmente convencionais. No tipo sentimento, não ocorre o pensamento original, pois ele perturbaria o sentir. Essa função sendo dominante, não pode permitir a vigência da função pensamento que lhe é oposta. Isso significa que os julgamentos são feitos com base no sentimento e não no pensamento. Dessa forma, a variação de uma avaliação pode mudar se o sentimento sobre o objeto julgado for transmutado. O aspecto negativo de um pensar reprimido que se torna inconsciente reflete-se na forma de ideias obsessivas de caráter geralmente negativo e depreciativo, que utiliza todos os preconceitos e comparações infantis que possam colocar em dúvida o valor do sentimento, podendo chegar ao estado patológico da histeria.

Dentro da atitude extrovertida, esses dois tipos descritos são classificados por Jung como racionais, pois se caracterizam pelo primado de funções com julgamento racional. Para essa classificação, o autor esclarece que a perspectiva utilizada é aquela pela qual o próprio sujeito se autoavalia. Esse recurso é usado por Jung em terapia de modo a preservar a relação com o paciente, sem correr o risco de impor o ponto de vista do terapeuta sobre o indivíduo em tratamento. Ele esclarece que a perspectiva do observador leigo pode ser diferente, uma vez que as sutilezas comportamentais do sujeito analisado podem induzir uma leitura superficial por quem julga sua atividade aleatória ou esporadicamente. Baseando a descrição dos tipos no ponto de vista do sujeito observado, Jung pretende se preservar do risco de impor a própria psicologia individual sobre o paciente e suas experiências pessoais.

A racionalidade na condução consciente da vida nos tipos extrovertidos significa que eles excluem conscientemente as casualidades e as irracionalidades, obrigando, pelo julgamento racional, que os conteúdos desordenados e os casuais se ajustem a certas formas que lhes pareçam válidas. Isso limita a autonomia e a influência da sensação e da intuição à racionalidade, que as reprime até um estado primitivo e infantil. A racionalidade dos tipos extrovertidos é sempre orientada pela racionalidade coletiva, tornando racional para eles apenas o que é assim considerado pela coletividade. Aquilo que é subjetivo e individual fica constantemente ameaçado pela repressão e pode cair no inconsciente, produzindo uma ruptura da regra racional consciente e autoimposta, trazendo à tona os conteúdos inconscientes pela sua força sensual ou pela sua influência compulsiva.

No tipo extrovertido, a sensação é determinada pelo objeto, por meio da percepção proporcionada pelos sentidos. A sensação pode possuir um caráter subjetivo, por depender diretamente da percepção dele, mas existe a percepção objetiva de natureza diferente, que só permite que percepções ocasionais se tornem conteúdos da consciência na medida em que as realiza. Embora no sentido estrito a função sensação seja naturalmente absoluta, pois tudo é fisiologicamente possível de ser visto ou ouvido, nem tudo alcança o valor liminar necessário para ser aceito como percepção. O critério de valor é a força da sensação manifestada pelas qualidades objetivas dos elementos ou processos concretos, perceptíveis pelos sentidos e que despertam sensações na atitude extrovertida, e que podem ser avaliados como concretos em qualquer lugar ou época[36].

---

[36] JUNG, 1991.

O tipo sensação extrovertida não se iguala a nenhum tipo humano em realismo, de acordo com a visão junguiana. Ele possui um senso objetivo dos fatos extraordinariamente desenvolvido, pois acumula experiências reais sobre objetos concretos. Segundo Jung, esse tipo se manifesta mais em homens. A intenção do tipo sensação extrovertido se volta para o gozo concreto que possui, em seu entendimento, sua própria moralidade, sua moderação e suas leis, além da própria renúncia e sacrifícios. Ele é capaz de diferenciar sua sensação até a máxima pureza estética, sem renunciar ao princípio da sensação objetiva. Ela deve vir sempre de fora, pois o que vem de dentro lhe parece mórbido e suspeito. Quando ele pensa e sente, tudo se reduz a fundamentos objetivos, que são influências provindas do objeto, sem preocupação com a lógica. O amor se baseia na sensualidade proporcionada pelo objeto amado. Seu ideal é a realidade, à qual se ajusta porque existe e é visível. Comporta-se de acordo com as circunstâncias no vestir, no comer e no beber, mas sempre a partir de um gosto refinado, por amor ao estilo. O exagero da sensação predominante torna esse indivíduo desagradável, podendo transformá-lo em uma pessoa grosseira em busca do prazer ou em um esteta refinado e sem escrúpulos[37]. Quando a vinculação com o objeto se torna excessiva, o inconsciente se manifesta sob a forma de fantasias ciumentas, estados de angústia, fobias de toda espécie, sintomas de obsessão. Os conteúdos patológicos aparecem coloridos por conteúdos morais e religiosos. A razão arma-se de sofismas e sutilezas e a moral é transformada em um moralismo, em um farisaísmo. A coação para esse tipo ocorre a partir do inconsciente quando sua atitude atinge níveis de unilateralidade anormais, causando neuroses difíceis de serem tratadas pela via da racionalidade, sendo necessário utilizar meios de pressão afetiva para levá-lo ao entendimento racional.

[37] JUNG, 1991.

A intuição na atitude extrovertida, embora seja uma função da percepção inconsciente, volta-se totalmente para objetos exteriores, tornando difícil captar sua natureza[38]. A função intuitiva surge representada na consciência por uma atitude de expectativa ou de contemplação e penetração, que só posteriormente pode atestar o quanto foi incutido no objeto e o quanto já estava nele. Não é uma simples percepção, mera contemplação, mas um processo ativo e criador que incute algo no objeto tanto quanto dele retira alguma coisa. Retira uma impressão inconscientemente e cria nele um efeito inconsciente. A intuição fornece primeiramente imagens ou impressões de relações e condições que não podem ser conseguidas por meio de outras funções. Tais imagens têm o valor de conhecimentos específicos que influenciam fortemente o agir enquanto o primado da intuição se estabelecer. Se a adaptação se funda na intuição, todas as outras funções são reprimidas, mas em especial a sensação que é diretamente oposta a ela. A intuição procura abranger o maior número de possibilidades para satisfazer o pressentimento por meio da sua contemplação. Atuando sobre as possibilidades no dado objetivo, a intuição, enquanto função subordinada, atua quando nenhuma outra função consegue encontrar a solução para uma situação complicada. Quando ela tem o primado, as situações se parecem com recintos fechados, que podem ser abertos por ela. Em casos extremos da atuação intuitiva, parece que toda situação de vida do indivíduo é uma cadeia opressora que precisa ser rompida.

O tipo intuição extrovertida tem uma psicologia especial e inconfundível, segundo Jung[39]. Uma vez que a intuição se orienta pelo objeto, há uma forte dependência de situações externas em que se encontrem possibilidades de projetos futuros. No entanto, nunca são situações estáveis, duradouras e bem fundadas. Ele

---
[38] JUNG, 1991.
[39] Ibidem.

apreende objetos e pistas novos com grande intensidade e entusiasmo para abandoná-los quando seus contornos se fixam e seu desenvolvimento se estabiliza. As situações mobilizam-no somente enquanto possibilidade e inovação. Não há razão ou sentimento que o impeçam de se lançar às novas situações promissoras, pois essas funções são incapazes de opor resistência efetiva à intuição. Ao mesmo tempo, são elas as únicas forças capazes de compensar de maneira eficaz o primado da intuição, dando ao tipo intuitivo o lastro de julgamento que lhe falta. Sua moralidade se pauta pela fidelidade à sua impressão e pela submissão voluntária à força dela. Como ele não se incomoda com seu bem-estar ou com o de seus semelhantes, nem respeita convicções ou costumes, muitas vezes, é qualificado de aventureiro inescrupuloso. Volta-se para profissões de risco que exigem múltiplas habilidades e capacidades, como pessoas de negócio, empresários, especuladores financeiros, agentes policiais, políticos etc. Jung afirma que esse tipo é mais frequente nas mulheres que se voltam para as possibilidades sociais de criar vínculos, descobrindo homens com possibilidades de lhes proporcionar uma posição social vantajosa, partindo para novos relacionamentos aos sinais de esgotamento destes.

Esse tipo pode ser muito importante para a economia e a cultura como iniciador de novos empreendimentos, bastando para isso que ele não se torne muito egocêntrico. Quando se volta para o trabalho com pessoas e não com objetos, suas qualidades intuitivas são importantes para encorajar e estimular seus companheiros para uma nova causa, mesmo que depois ele parta para novas possibilidades, como lhe é peculiar. Quanto mais forte for sua intuição, mais ele confunde-se com a possibilidade vislumbrada e vivifica-a, apresentando-a com ardor convincente, pois isso faz parte do seu destino. O lado perigoso desse tipo de atitude é a fragmentação da própria vida do sujeito intuitivo, que espalha pedaços de vida com os quais vivifica as pessoas e as iniciativas que desenvolvem juntos, sem depois usufruir da abundância criativa que proporcionou. Falta-lhe persistência para colher os frutos do próprio trabalho. Jung afirma que, por eximir-se das limitações impostas pela razão, esse tipo acaba sendo presa de uma neurose compulsiva inconsciente de caráter muitas vezes coercitivo, talvez hipocondríaco ou fóbico, com projeções semelhantes às do tipo sensação, mas sem o aspecto místico que por vezes ocorre com esse último[40].

Os tipos sensação extrovertida e intuição extrovertida são qualificados por Jung de irracionais porque seu fazer e deixar de fazer não são baseados em julgamentos fundamentados pela razão. Eles utilizam-se da força da percepção que se dirige para os acontecimentos sem nenhuma escolha judiciosa[41]. Na verdade, os processos racionais ocorrem nesses tipos no nível inconsciente. Há certa dificuldade de relacionamento entre os tipos racionais e os irracionais, devido à diferença de foco sobre o objeto. A verdade é que a época atual favorece os tipos extrovertidos e oferece pouca tolerância para os introvertidos, dos quais se falará a seguir.

O tipo introvertido orienta-se por fatores subjetivos. Em sua relação com o objeto, interpõe-se uma opinião subjetiva, que impede que suas ações assumam o caráter correspondente ao dado objetivo. A sua consciência é capaz de ver as condições do meio externo, mas prefere escolher fatores determinantes subjetivos para tomar suas decisões. Ele é orientado pela percepção e pelo conhecimento representativo da disposição subjetiva acolhida pela excitação sensorial. Sua fundamentação decorre daquilo que a impressão externa fizer constelar em seu interior. Sua economia psicológica faz-se sentir como uma espécie de *reserva do eu*[42]. O mundo existe em si mesmo, mas é também aquilo que se

---
[40] JUNG, 1991.
[41] Ibidem.
[42] Ibidem, p. 354.

faz representar para o eu subjetivo. Jung faz uma ressalva nesse ponto, pois ele mesmo não acredita que seja possível negar a participação de fatores subjetivos e do sujeito em si na formulação do conhecimento. Com isso, ele estabelece uma crítica pessoal ao Positivismo da virada do século XIX para o século XX. Para ele, não existe conhecer algum, nem sequer mundo algum, se não for possível para o sujeito afirmar: *eu conheço*[43].

A avaliação extrovertida caracteriza o termo *subjetivo* quase como passível de censura. A expressão *"puramente subjetivo"* é, na prática, uma arma perigosa utilizada para atingir aqueles que não estão convencidos da superioridade do objeto. Por esse motivo, Jung esclarece que entende por "fator subjetivo a ação ou reação psicológica que sob a influência do objeto, se funde num novo estado psíquico"[44]. Na sua concepção, o fator subjetivo "é um dado tão inexorável quanto a extensão do mar e o raio da terra", ou seja, ele é uma grandeza que determina o mundo e não pode ser dispensada em nenhuma época ou lugar, pois tem o status de lei do mundo. Nesse sentido, o indivíduo que se baseia no fator subjetivo tem para seu uso grandeza, duração e validade tanto quanto aquele que se apoia no objeto. Ambos os fatores são passíveis de mudança e desenvolvimento e, portanto, são relativos. O perigo sempre surge quando estes são potencializados em excesso.

A atitude introvertida está baseada em uma condição presente que lhe é altamente real e absolutamente indispensável para sua adaptação psicológica. Ela se orienta por uma estrutura psíquica dada pela hereditariedade, que a qualifica como grandeza inerente ao sujeito. No entanto, ela não é especificamente o eu desse sujeito, mas se apresenta como a estrutura que está presente antes mesmo que ele possa desenvolver esse eu.

---
[43] JUNG, 1991, p. 355.
[44] Ibidem, p. 355.

Isso acontece porque o *si-mesmo* é um conceito mais abrangente que o eu, abarcando o consciente e o inconsciente do indivíduo. Se ambos fossem idênticos, poder-se-ia imaginar a possibilidade de as formas e significados que surgem nos sonhos serem assumidas pelos sujeitos. É peculiar ao introvertido que, por uma tendência ou preconceito comum, ele possa confundir seu eu com o *si-mesmo*. Com isso, ele coloca o eu como sujeito do processo psíquico, consumando uma subjetivação mórbida de sua consciência e dificultando o relacionamento com o objeto. A forma de apreensão psíquica do objeto é o arquétipo, já definido anteriormente neste capítulo. Jung[45] o considera como uma fórmula simbólica que surge sempre que o conceito consciente não exista ainda, quer isso ocorra por causas internas ou externas. São os conteúdos do inconsciente coletivo representados na consciência como tendências e concepções manifestas. O indivíduo por vezes acredita que eles são determinados pelo objeto, mas, na verdade, eles nascem da estrutura inconsciente da psique e são apenas liberados pelo objeto. Essas tendências e concepções, subjetivas, segundo Jung[46], são mais fortes do que a influência do objeto e, por isso, sobrepõem seu valor psíquico sobre as impressões recebidas do meio externo. Por esse motivo, o introvertido não consegue compreender o objeto como ponto de partida para a elaboração de um conceito. E falta-lhe argumentação teórica para exprimir as condições inconscientes de seu julgamento subjetivo ou de suas percepções subjetivas.

Existe uma posição de superioridade do fator subjetivo na consciência e uma valorização menor do fator objetivo. O objeto deixa de receber a atenção que lhe é devida. O tipo extrovertido dá-lhe muita importância, enquanto o introvertido sente que seu eu é frágil diante da grandeza indiscutível do objeto e evita

---

[45] JUNG, 1991.
[46] Ibidem.

o enfrentamento com ele. O inconsciente trabalha sua relação com o objeto de forma a destruir qualquer ilusão de poder e fantasia de superioridade da consciência. A análise do inconsciente pessoal revela fantasias de poder associadas ao medo de objetos animados, ao qual o indivíduo introvertido costuma sucumbir na realidade. A partir desse medo, ocorre uma espécie de covardia específica, que impede o tipo introvertido de se impor ou de impor sua opinião, pois teme a influência mais forte do objeto. Ele julga perceber qualidades poderosas e aterradoras nos objetos. Isso acontece em nível inconsciente, conferindo um caráter primitivo à relação, devido aos aspectos arcaico-infantis que acrescentam forças mágicas ao objeto.

O pensamento introvertido orienta-se pelo fator subjetivo, que é representado por um sentimento subjetivo que determina, em última análise, os julgamentos. Outras vezes é uma imagem mais ou menos pronta que é usada como parâmetro[47]. Embora o pensar possa mesclar-se com dados concretos ou abstratos, a decisão orienta-se por dados subjetivos. Não ocorre recondução a partir de experiências para as questões objetivas e sim para os conteúdos subjetivos. O pensamento começa e reconduz-se ao sujeito, mesmo depois de uma abrangente incursão na realidade concreta, pois os fatos externos não são causa ou meta desse pensar, embora o tipo introvertido goste de lhe dar essa aparência. O estabelecimento de novos fatos proporciona-lhe mais a elaboração de novas concepções e teorias do que o conhecimento de novos fatos. São elaborados questionamentos e teorias que abrem horizontes para novas introspecções enquanto o detalhamento de fatos se mantém sob um comportamento reservado, tratando-os como exemplos ilustrativos e instrumentos de prova, que não predominam em suas explanações. O aspecto principal é o desenvolvimento e a apresentação da ideia subjetiva, que

---
[47] JUNG, 1991.

paira obscura em sua visão interior e deve ser configurada em uma ideia luminosa. Sua maneira de atingir a realidade dá-se pela expressão abstrata mais adequada que ele for capaz de produzir com os fatos externos[48]. Sua tarefa parece-lhe completa quando a ideia concebida parece fruto dos fatos externos e a validade dela possa ser comprovada por eles.

Nem sempre é possível que isso aconteça, e o perigo é que o tipo introvertido ceda à tendência de forçar os fatos para dentro de sua imagem ou ignorá-los totalmente, dando livre curso à sua fantasia. Nesses casos, a ideia criada parece proveniente de uma imagem arcaica e obscura, com traços mitológicos que podem ser interpretados como originalidade, ou mesmo extravagância, caso os ouvintes não tenham conhecimento dos motivos mitológicos. A força de convencimento dessas ideias provém do arquétipo inconsciente que é valido universalmente, mas para que tenha validade necessita inserir-se nos conhecimentos já reconhecidos e reconhecíveis pela época, para, assim, poderem tornar-se uma verdade prática de valor vital[49]. O amor às teorias cultivado pelo tipo introvertido tem tendência de passar do mundo ideal para o mundo das imagens puras e as concepções possíveis acabam não se tornando reais, sendo apenas *símbolos do inconhecível*[50]. O pensador introvertido transforma-se em um místico de ideias estéreis tanto quanto se elas estivessem sendo processadas em um contexto meramente objetivo. São extremos igualmente infrutíferos. Pode ocorrer uma neurose com caráter de debilitação interna e crescente exaustão cerebral denominada psicastenia.

O tipo pensamento introvertido caracteriza-se pelo primado do pensar da maneira descrita. Ele pode estabelecer uma relação positiva com o objeto, que servirá de ilustração,

---

[48] JUNG, 1991.
[49] Ibidem.
[50] Ibidem, p. 361.

comprovação ou exemplo de suas teorias. Se a relação estabelecida for negativa, o objeto será olhado com indiferença ou simplesmente rejeitado. É difícil apontar outras características, pois elas tendem a se camuflar ou desaparecer. Seu julgamento parece frio, inflexível, arbitrário e duro devido a esse relacionamento distante com o objeto, que deixa transparecer uma superioridade do sujeito. Apesar de uma aparente cortesia, amabilidade e afabilidade, muitas vezes sua ansiedade trai a intenção secreta de desarmar o adversário. Isso se dá, pois o outro é temido na medida em que pode causar problemas e questionamentos e acaba na mesma posição de relacionamento que o objeto dado. Esse tipo não é prático em suas atividades e é avesso à publicidade. Isso faz com que ele prefira acreditar que suas ideias são válidas por serem corretas e verdadeiras, esperando que, por isso, os outros se curvem diante delas. Então ele não sai em campo para propagá-las ou adquirir adeptos. Caso resolva fazer o contrário, sua falta de jeito costuma colocar tudo a perder, produzindo o efeito oposto do desejado[51].

Mesmo que o tipo pensamento introvertido alcance a clareza de como seus pensamentos são estruturados internamente, ele nem sempre consegue enxergar o caminho para apresentá-los ao mundo, pois tem dificuldade de perceber porque eles não são claros para as outras pessoas. Como professor, não consegue influenciar seus alunos, pois não toma conhecimento de sua mentalidade. O ensino interessa-lhe mais como problema teórico. Pode vir a confundir sua verdade subjetiva com sua própria personalidade, em casos extremos. Nesse caso, passa a não aceitar críticas e o isolamento parece ser a solução ideal para se proteger contra as influências externas. Seu pensamento é positivo e sintético no que diz respeito ao desenvolvimento das ideias, que costumam atingir a validade universal das ideias primitivas, tornando-se válidas

[51] JUNG, 1991.

apenas se conseguem estabelecer uma conexão visível e compreensível com os fatos conhecidos para seus contemporâneos[52].

O sentimento introvertido[53] é determinado principalmente pelo fator subjetivo, significando que apresenta a mesma diferença essencial em relação ao sentimento extrovertido que existe entre o pensamento introvertido e o extrovertido. A aparente desvalorização do objeto confere-lhe um aspecto negativo. Somente se pode inferir a existência de um sentimento positivo, segundo Jung[54]. Como não tenta se adaptar ao objeto, quer dominá-lo, procurando inconscientemente tornar reais as imagens internas às quais gostaria que o próprio objeto correspondesse. Jung afirma que tudo o que foi dito sobre o pensamento introvertido pode ser transportado para o sentimento, guardando a noção de que o que anteriormente era pensado agora é sentido. Ocorre que, para expressar esse sentir, é necessário que o indivíduo seja portador de alguma habilidade linguística ou artística incomum, capaz de exteriorizar sua riqueza interior, ao menos de forma aproximada. O sentimento subjetivo deve assumir uma forma externa, permitindo ao tipo sentimento introvertido transmitir aos seus semelhantes aquilo que existe na sua alma. Ele pode conseguir isso, desde que não seja tomado pelo egocentrismo "que se aprofunda numa paixão sem sentido e que sente apenas a si próprio"[55]. O sentimento introvertido confronta-se com o pensar primitivo identificado com o concretismo e escravizado pelos fatos.

Para Jung, o primado do sentimento introvertido aparece principalmente nas mulheres. Esse tipo costuma ser quieto, pouco sociável, incompreensível, escondido atrás de máscaras infantis e

---

[52] JUNG, 1991.
[53] Jung primeiro descreve o sentimento enquanto função introvertida, depois o tipo sentimento introvertido. O mesmo ocorre ao longo de todo o texto sobre os tipos. Cada tipo vem qualificado pela sua função principal. Essa função é descrita separadamente e depois em relação ao tipo que a referida função qualifica.
[54] JUNG, 1991.
[55] Ibidem, p. 366-367.

banais. Às vezes, no entanto, apresentam temperamento melancólico. Não buscam brilho ou aparições externas, guiando-se por sentimentos subjetivamente orientados, cujos verdadeiros motivos permanecem encobertos. Externamente seu comportamento é discreto, harmônico e calmo. Não há nenhum movimento simpático no sentido de motivar, impressionar, persuadir ou mudar o outro. Se essas tendências se acentuam, surge uma aparência de frieza que pode ser interpretada, pelos outros, como pouco-caso pelo bem ou mal-estar alheio. Percebe-se o movimento que afasta o objeto, de não envolvimento. A relação com o objeto é mantida em um meio-termo entre a calma e a segurança, como forma de afastar a paixão e a sua falta de medida. A expressão do sentimento continua pobre e o objeto subvalorizado.

Sob essa falsa aparência, desenvolvem-se sentimentos intensos, mas que permanecem nas profundezas. Apenas às vezes vêm à tona, na forma de uma religiosidade camuflada e medrosamente escondida ao olhar profano ou de formas poéticas protegidas contra qualquer surpresa, com a ambição secreta de algum domínio ou superioridade sobre o objeto[56]. Quando o sujeito inconsciente é constelado, o poder secreto do sentimento intensivo pode transformar-se em despotismo banal e arrogante, vaidade e opressão tirânica, levando à neurose[57].

O tipo pensamento introvertido e o tipo sentimento introvertido são classificados por Jung como racionais, por fundarem-se nas funções judicativas da razão. Um tipo racional tem uma razão que varia conforme o tipo. Assim, segundo o autor, os tipos racionais introvertidos apresentam julgamentos orientados pelo fator subjetivo. A lógica não chega a sofrer com isso, pois a parcialidade reside na premissa, cuja predominância existe antes de qualquer conclusão e julgamento que ocorra baseada em fator

[56] JUNG, 1991.
[57] Ibidem.

subjetivo. O introvertido acredita que é mais razoável uma série de conclusões que conduzem ao fator subjetivo do que o caminho que conduz ao objeto. Pode decorrer disso o erro capital de tentar demonstrar a falácia na conclusão, em vez de reconhecer que existe uma diferença entre as premissas psicológicas. É extremamente difícil para todo tipo racional reconhecer essa situação, que parece solapar a validade de seu princípio entregando-o ao seu oponente. O tipo introvertido sofre também com a desvalorização dos fatores subjetivos e com a supervalorização da objetividade que ocorre na visão de mundo ocidental.

A sensação na atitude introvertida baseia-se na parcela subjetiva da percepção. Pode-se compreender melhor o que acontece ao se contemplar obras de arte que reproduzem objetos exteriores. A mesma paisagem será reproduzida de diferentes maneiras por pintores diversos. Tal fato se dá não apenas ao se considerar a habilidade do pintor, mas pelo modo diferente de ver concernente a cada um deles, devido à participação maior ou menor do fator subjetivo[58]. O fator subjetivo da sensação influencia da mesma maneira, como o faz nas outras funções. Trata-se de uma disposição inconsciente, que modifica a percepção dos sentidos na sua origem, tirando o caráter de objetividade. É na arte que esse fator subjetivo vai exercer sua força com mais intensidade, pois o indivíduo não se ocupa do objeto, mas, sim, com a percepção subjetiva causada por ele[59].

Na percepção subjetiva corre uma impressão psíquica por meio da qual são reconhecidos elementos de uma ordem psíquica superior. Trata-se de pressuposições ou disposições coletivo-
-inconscientes, imagens mitológicas, possibilidades primitivas de representações de caráter profundo. São imagens primordiais que apresentam um mundo psíquico espelhado[60]. Segundo

---

[58] JUNG, 1991.
[59] Ibidem.
[60] Ibidem.

Jung, a sensação introvertida transmite uma imagem que não reproduz o objeto externo, mas cobre-o com "o sedimento de antiquíssima e ao mesmo tempo futura experiência subjetiva, a mera impressão dos sentidos que se desenvolve para o fundo da riqueza intuitiva"[61]. Enquanto a percepção extrovertida apreende o momentâneo e o manifesto das coisas, a percepção introvertida capta aquilo que nelas é imemorial.

O tipo sensação introvertida possui certas peculiaridades. É um tipo irracional porque não escolhe o julgamento por meio da razão. No fluxo dos acontecimentos, ele orienta-se por impressões intensas captadas pela parcela subjetiva da sensação[62]. Isso pode ser constatado quando o indivíduo em questão é um artista produtivo. Há uma aparência de autodomínio devido à ausência de relacionamento com o objeto. Na verdade, acontece que o objeto é inconscientemente desvalorizado, privado de sua atração própria, que é substituída por uma reação subjetiva. Jung sugere que se pergunte ao tipo sensação introvertida qual a razão da existência de pessoas e objetos se o que é essencial acontece sem que este se dê conta de que tais objetos existem[63]. Para esse tipo, a expressividade artística torna-se o meio fundamental de exteriorização no mundo. Caso isso não ocorra, o mundo objetivo transforma-se em uma ficção, levando o indivíduo para um fechamento em si mesmo. Isso pode gerar uma neurose obsessiva com traços histéricos camuflados por sintomas de esgotamento.

Na atitude introvertida, a intuição volta-se para objetos interiores, ou seja, para elementos do inconsciente. A relação que se estabelece entre estes e a consciência é semelhante à que aconteceria se esses fossem objetos exteriores. São imagens subjetivas de coisas que não se encontram na experiência externa, mas que são conteúdos do inconsciente coletivo. Esses conteúdos aparecem

---

[61] JUNG, 1991, p. 372-372.
[62] Ibidem, p. 373.
[63] Ibidem.

como produtos de sua essência, que não é acessível ao ser humano se não for pela função intuitiva que lhe é peculiar. A intuição introvertida dirige-se para o que foi libertado internamente para o exterior. Isso significa que a única origem possível para esses elementos é o inconsciente. Ela recebe um impulso da sensação para agir imediatamente, procurando ver por trás dos fatos e percebendo, assim, o quadro interior que provocou o fenômeno expressado. Essa imagem fascina a ação intuitiva, que se demora nela, procurando conhecer detalhes. O quadro visto muda e desenvolve-se e depois desaparece. Esse processo tem sua origem em camadas do fundo da consciência. Para a intuição, as imagens que se formam têm o status de coisas ou objetos. O tipo intuição introvertida não consegue se fixar nas imagens para estabelecer uma conexão delas consigo mesmo[64]. Para Jung, essas imagens são possibilidades de concepções capazes de dar novo potencial à energia psíquica, sendo indispensável para a vida psíquica da coletividade. É a visão dos profetas, segundo o entendimento do autor, podendo ser explicada "por sua relação com os arquétipos que representam o decurso legítimo de todas as coisas experimentáveis"[65].

O primado da intuição introvertida cria um tipo especial, que é o sonhador ou visionário místico. Pode também ser o artista criativo e produtivo. Ou simplesmente o que Jung chama de fantasista, que se contenta com a contemplação pela qual se deixa fascinar. O aprofundamento da intuição causa um afastamento natural da realidade, tornando o indivíduo um estranho para as pessoas que o cercam. Seu julgamento enfraquecido pelo primado de uma função irracional permite que ele vislumbre fracamente sua participação como ser humano e a totalidade das visões que tem. Por isso tem dificuldade em trazer para a vida prática as imagens que poderiam ser válidas para o cotidiano.

---

[64] JUNG, 1991.
[65] Ibidem, p. 377.

Os tipos irracionais introvertidos são quase inacessíveis ao julgamento externo, devido à sua dificuldade de externalizar o material de sua vivência interior. Sua atividade principal está voltada para o interior. Externamente ocorrem apenas manifestações indiretas de suas funções inferiores, que são relativamente inconscientes. Dessa forma, eles seguem incompreendidos pelo caráter fragmentário e episódico de sua comunicação, que exige esforço demasiado. Por outro lado, Jung afirma que é extremamente difícil traduzir os conteúdos contemplados interiormente para uma linguagem compreensível. Ainda assim, o autor acredita que, ao seu próprio modo, essas pessoas podem ser promotoras da cultura e educar por meio de sua atitude, trazendo outras possibilidades de vivência para a cultura humana.

Jung conclui a descrição dos tipos esclarecendo que eles não são encontrados em estado puro tão facilmente na vida cotidiana. As funções, por meio das quais eles fundamentam sua atividade, encontram seu equilíbrio na medida em que uma função principal tem sempre outra que serve como auxiliar. A principal tem maior poder consciente enquanto outra exerce uma consciência relativa. Os resultados dessa mistura são figuras conhecidas como:

> o intelecto prático que está unido à sensação, o intelecto especulativo que é penetrado pela intuição, a intuição artística que escolhe e apresenta trabalhos por meio de julgamentos do sentimento, a intuição filosófica que transpõe sua visão para a esfera do compreensível, graças a um intelecto vigoroso, etc.[66]

Paralelamente surgem os agrupamentos inconscientes das funções, pois a "um intelecto consciente e prático pode corresponder uma atitude inconsciente intuitivo-sentimental em que a função do sentimento sofre uma paralisação mais forte do que a intuição"[67].

---
[66] JUNG, 1991, p. 383.
[67] Ibidem.

Feitas essas considerações sobre a psique enquanto universo simbólico, entende-se que o tratamento dessa dimensão pede o aporte teórico de Gilbert Durand. A intenção deste livro é buscar a compreensão da arte como hermenêutica que possibilita a compreensão do mundo, na medida em que ela valoriza a imagem e a fantasia criadora, em uma releitura da ideia junguiana de tornar conscientes os conteúdos inconscientes para que eles possam contribuir na aquisição de conhecimento. Sem tentar racionalizar a intuição e a sensibilidade, busca-se considerá-las como conteúdos que pertencem ao processo e estão desorientados pela sobrecarga patológica de imagens às quais o ser humano está exposto cotidianamente na sociedade atual[68].

Conforme esse autor, o imaginário é o continente *de todas as imagens passadas, possíveis, produzidas e a serem produzidas*, que, normalmente, é desvalorizado e rejeitado pelo racionalismo ocidental, que o confunde com o delírio, o fantasma do sonho e o irracional[69]. No entanto, não se trata da imagem veiculada pela mídia na atualidade e, sim, das imagens que são parte da cultura humana e se disseminam por meio da mitologia, da tradição e dos costumes de um povo. O imaginário manifesta-se tipicamente no sonho, no onírico, no rito, no mito, na narrativa da imaginação, que não se expressa pela lógica clássica, binária e excludente, mas pela inclusão de um terceiro termo ou terceira solução. A imagem foi excluída pelo racionalismo[70] porque não pode ser reduzida a uma única proposta, verdadeira ou falsa.

Dessa forma, para a Antropologia do Imaginário, a noção de polaridade apresenta uma riqueza imprescindível para o esclarecimento do conteúdo total das atividades humanas. Durand[71] afirma que tal noção ajuda a impedir a separação epistemológica

---

[68] DURAND, 1995.
[69] DURAND, 1998, p. 6.
[70] A negação da imagem nesse sentido significa, em parte, a negação do arquétipo ou imagem primordial, enquanto parte do inconsciente, tanto individual quanto coletivo.
[71] DURAND, 1980.

do estudo da *consciência psíquica individual* da *consciência coletiva* e das obras da cultura. Utiliza-se a noção de *trajeto antropológico*, que aproxima na atitude humana aquilo que é herança da espécie zoológica (o psíquico, o psicofisiológico etc.) e os conteúdos recebidos como herança social e histórica, proibindo que se atribua a uma ou a outra das extremidades desse trajeto o papel de fator dominante, de infraestrutura. Assim, o caráter dinâmico dessas estruturas do imaginário torna-se comparável à tensão de um campo polarizado. Essa tensão, por sua vez, é condição de vida normal do mental, do social e do individual, enquanto a despolarização ou desestruturação significa a morte ou a patologia mental.

Durand[72] organiza as imagens em regimes e estruturas. Os regimes representam a polaridade diurna e a noturna, as quais, por sua vez, abarcam as estruturas. Assim, o regime diurno abriga as estruturas esquizomórficas ou heroicas, enquanto o regime noturno abriga as sintéticas ou dramáticas e as místicas ou antifrásicas. Esquemas verbais, arquétipos substantivos e símbolos são características que compõem o universo simbólico relativo a cada um dos regimes e suas respectivas estruturas, permitindo identificá-los, compreendendo as polaridades da alma humana. *L'âme tigrée*, alma tigrada para Durand[73], porque polarizada pelas forças diurnas e noturnas, heroicas e sintéticas que a compõem. Para Durand[74], o entendimento do imaginário a partir de uma dinâmica estrutural permite discernir os limites do normal e do patológico e reintegrar nas ciências do homem os saberes antigos e empíricos rejeitados pelo objetivismo analítico, que caminha hoje ao lado das superstições, dos erros e das falsidades.

A contribuição teórica de Durand[75] permite ainda pensar no arquétipo como doador de forma, uma vez que o autor o con-

---
[72] DURAND, 1997.
[73] DURAND, 1980.
[74] Ibidem.
[75] DURAND, 1967, p. 95.

sidera "como o criador concreto em nós e nas obras que veiculam a cultura". Sendo assim, ele afirma que o artista criador se conjuga por meio de sua subjetividade mais íntima com todo o conteúdo da cultura à qual pertence, à sua experiência e à sua condição, realizando um casamento entre seu desejo criador e as formas que assumem sua representação. Por sua vez, o amador (*amateur*), que eu entendo como o observador-fruidor dessas formas, conjuga-se, em seu movimento, ao universo cultural em que se propõe como ser humano. Nesse sentido, pode-se entender que a *anima enquanto função de relacionamento*, para Hillman[76], seria o arquétipo doador de forma na expressão artística e, exercendo a sensibilidade humana, cria as obras que veiculam essa cultura.

Nesse sentido, as imagens primordiais que são apresentadas nas narrativas alimentam o imaginário discente e docente na escola Waldorf, doando forma para as expressões artísticas do aprendizado cotidiano. A criatividade não é exclusividade do processo artístico, mas está presente em toda a atividade humana, que dá forma à materialidade. O fazer e o criar humanos são atuações de caráter simbólico em que as formas se comunicam quando se realizam em aspectos expressivos do desenvolvimento interior na pessoa, refletindo processos de crescimento e de potencialidades criativas. Processos de maturação vinculam-se à espontaneidade e à liberdade no criar quando a consciência não está reprimida por uma filosofia racionalista e reducionista. A atividade artística é uma instância criadora que estabelece novas coerências para a mente humana, relacionando os fenômenos para uma nova compreensão. Ao agir, ao imaginar, ao sonhar, o homem relaciona e forma materialidades e também conceitos e seu pensamento aperfeiçoa-se a partir desse processo.

---

[76] Enquanto para Jung a *anima* reúne os aspectos femininos que estão presentes na psique do homem, para Hillman a *anima* está presente tanto na psique masculina quanto na feminina. Em seu livro *Anima – anatomia de uma função personificada* (1990), ele discute amplamente essas questões conceituais sobre *anima*.

O homem tem necessidade existencial de criar e de comunicar-se para crescer enquanto ser humano. Criar, configurar e ordenar faz parte da coerência humana. Os processos de criação ocorrem no âmbito da intuição, pois, embora integrem a experiência racional, eles têm uma origem intuitiva. A partir de sua materialização na forma, eles vêm à consciência, que pode então indagar seus possíveis significados, possibilitando o reconhecimento de si mesmo no processo. O sujeito criador torna-se sensível e consciente por meio desse caminho. Para que esse processo se torne mais claro, a influência exercida por Friedrich Schiller e Johann Wolfgang von Goethe na cosmovisão steineriana será aprofundada no próximo capítulo, ao se descrever a Pedagogia Waldorf.

CAPÍTULO 2

A PEDAGOGIA WALDORF COMO ARTE DE EDUCAR

2.1 A influência de Schiller e Goethe na cosmovisão antroposófica

A questão da arte surge como aspecto fundamental da Pedagogia Waldorf, uma vez que essa metodologia foi apresentada pelo próprio Rudolf Steiner (1861-1925), seu criador, como *a arte de educar*. Em seus escritos sobre o tema, Steiner afirma que o trabalho pedagógico reúne o saber esotérico e artístico, transcendendo o âmbito da mera metodologia. Transforma-se, assim, em um conhecimento pautado pela arte e pela religiosidade, inerentes à condição humana, naquilo que concerne aos aspectos devocionais e contemplativos[77].

Segundo Marcelo da Veiga[78], não existe na imensa obra steineriana uma definição do termo Antroposofia. No entanto, ele afirma ser possível deduzir sua essência a partir dos temas tratados por Steiner. Pode-se dizer, então[79], que a Antroposofia é uma noologia[80] que proporciona uma visão integrada da realidade, tendo como base a autonomia do sujeito pensante, fundamentada no processo cognitivo original, estabelecendo uma opção metodo-

---
[77] STEINER, Rudolf. **The New Art of Education**. London: Anthroposophical Publishing CO. / New York: Anthroposophic Press, 1928.
[78] VEIGA, Marcelo. **A Obra de Rudolf Steiner**. São Paulo: Antroposófica, 1994.
[79] Idem. Reflexões sobre Holística, a Nova Era e a Noologia. **Revista Chão & Gente**. Botucatu, SP, n. 23, p.16-18, mar. 1997.
[80] Noologia é o estudo do espírito humano por meio das ideias. Cf. **Dicionário prático da Língua Portuguesa**. São Paulo: Melhoramentos, 1995.

lógica para essa autonomia. O ponto de partida desse método é o próprio processo intelectual, que, reconhecendo a crise gerada pela visão materialista da ciência, dispõe-se a ampliar-se para uma dinâmica processual e intuitiva, por meio de um caminho meditativo, ressignificando as dimensões existenciais presentes nas antigas sabedorias e tradições da humanidade.

Trata-se do mesmo conteúdo encontrado no conhecimento hermético mencionado por Gilbert Durand[81]. O hermetismo é um paradigma mítico, fundamentado no princípio da similitude e na recusa da ruptura ontológica entre o eu subjetivo e o cosmos objetivo. Essa corrente pode ser identificada em cinco manifestações que ressurgiram regularmente no decorrer dos séculos. A primeira fase, chamada de hermetismo primitivo, surge na antiguidade egipto-helênica, resultando no paradigma teológico de Hermes-Thot. O segundo hermetismo situa-se na bacia oriental mediterrânea, por volta do séc. III a.C. e em Roma, nos primeiros séculos da era cristã. A terceira fase pode ser localizada no Renascimento, especialmente no séc. XVI, com Pico de Mirandola, Marcílio Fiscino, com o neoplatonismo da Renascença, representado pelos alemães Reuchlin, Agrippa de Nettessheim, Paracelso, Weigel e Jacob Böheme. Um quarto ciclo do hermetismo desponta com o Iluminismo do séc. XVIII – Kirchberger, Eckartshausen, Martine de Pasqualy e Claude Saint-Martin – e desenvolve-se com o Romantismo com Franz Baader e a Naturphilosophie de Schelling. A quinta fase identifica-se após a onda naturalista e o progressismo cientificista que marcam o fim do séc. XIX e o início do séc. XX, com o pensamento da Rússia ortodoxa (Soloviev, Berdiaeff e Boulgakof)[82].

No livro *Pedagogia Waldorf: cultura, organização e dinâmica social*[83] o, apresentei a concepção de ser humano livre apresentada

---

[81] DURAND, Gilbert. Science de l'homme et tradition – le nouvel esprit anthropologique. Paris: Berg Internacional éditeurs.

[82] Ibidem.

[83] ROMANELLI, R. A. A PEDAGOGIA WALDORF: CULTURA, ORGANIZAÇÃO E DINÂMICA SOCIAL. Curitiba: Appris, 2017.

pela Antroposofia, em que a criança educada pela Pedagogia Waldorf tem seu desenvolvimento considerado em septênios[84], de maneira que suas potencialidades sejam despertadas e sua individualidade preparada para o futuro. Cada um dos septênios possui uma meta a ser atingida e uma metodologia para alcançá-la.

No primeiro septênio, a imitação é a chave por meio da qual Steiner afirma que se desenvolve a liberdade no âmbito social. No segundo septênio, uma educação em que o princípio da autoridade vem aliado à aspiração por ideais permite experienciar a igualdade de direitos entre os homens na vida adulta[85]. Já no terceiro septênio, a educação desperta a sensibilidade, pelo amor que se encontra ligado ao desenvolvimento de todos os seres humanos, tornando possível alcançar a fraternidade, o amor universal. Para atingir esse intuito na prática, os professores de uma escola Waldorf são chamados a tomar para si uma tarefa social: educar por meio da imaginação, da inspiração e da intuição, que são tidas como ferramentas básicas da sua prática cotidiana.

Segundo a visão steineriana, a época cultural na qual vivemos exige o desenvolvimento dessas faculdades, que o professor precisa desenvolver primeiramente em si mesmo. Só assim poderá lidar melhor com o desenvolvimento de seus alunos, pois saberá como cultivar tais faculdades anímicas na criança e no jovem. Para isso, o trabalho artístico pedagógico é fundamental, utilizando os procedimentos da arte aplicada ao ensino. Mais do que simples processos metodológicos, os caminhos seguidos pelo professor Waldorf pautam-se, então, naquilo que a arte e o olhar artístico podem fornecer como subsídio para a atuação docente enquanto desenvolvimento do sentir e da sensibilidade.

Parto do pressuposto de que a arte na educação presente no currículo Waldorf vai além da prática aleatória de atividades

---

[84] Os septênios são períodos de sete anos ao final dos quais se considera uma nova etapa da maturação infantojuvenil sob o ponto de vista antroposófico.
[85] STEINER, Rudolf. **Education as a Social Problem**. New York: Anthroposophic Press INC, 1969a.

artísticas e que, portanto, é preciso incorporá-la ao processo de ensino-aprendizagem, como um caminho para atingir o *estado estético*[86], que propicia o respeito mútuo entre os seres humanos. Essa ideia encontra-se imbricada nas atividades docentes praticadas pelo professor Waldorf, que busca o desenvolvimento de qualidades essenciais à formação humana, como a observação, a sensibilidade, a imaginação, a inspiração e a intuição, que, por sua vez, alimentam o processo criativo[87]. A arte em sentido antroposófico não é a arte do conceito geral formulado pelos artistas, assim como não é a arte dos alunos no ensino fundamental. Nesse sentido, para o entendimento dessa arte antroposófica, usa-se o conceito de elaboração simbólica encontrado em Carlos Byinton[88], em sua obra *O Desenvolvimento da Personalidade – símbolos e arquétipos.*

Steiner fundamenta sua teoria sobre o desenvolvimento cognitivo em seus estudos sobre Goethe e Schiller. Da leitura de Schiller, ele absorve a importância do equilíbrio entre o impulso sensível (ligado aos sentidos) e o impulso formal (exercício da razão). De acordo com Veiga[89], Schiller preconiza um equilíbrio entre a vida racional e o uso dos sentidos que seria atingido por meio do impulso lúdico. É desse último que nasce o belo, pela união das duas tendências: a sensível e a formal. O despertar do impulso lúdico sintoniza a sensibilidade com a razão e permite a atuação de ambas em uma interação geradora do estado de liberdade. Segundo Veiga[90], Schiller afirma que "a expressão da liberdade numa forma articulada e na matéria transformada é a

---

[86] SCHILLER, Friedrich. **A Educação Estética do Homem**. São Paulo: Iluminuras, 1995.

[87] Ibidem.

[88] BYINGTON, Carlos. **Desenvolvimento da Personalidade** – símbolos e arquétipos. São Paulo: Ática, 1987.

[89] VEIGA, Marcelo. Estética de Schiller – da "Teoria do Belo" à "Estética dos Sentidos" – Reflexões sobre Platão e Friedrich Schiller. **Anuário da Pós-Graduação em Literatura Brasileira e Teoria Literária da UFSC**, 1994b. Disponível em: <http://www.cce.ufsc.br/he/profe/schiller.html>. Acesso em: jan. 2000.

[90] Ibidem, p. 153.

beleza: forma expressa numa multiplicidade material e a multiplicidade material organizada e formada". Sendo assim, o nascimento do belo consiste na reunião de dois impulsos antagônicos e da combinação de dois princípios opostos.

Esse ideal de beleza presente no raciocínio de Schiller está profundamente ligado ao mundo material, visando à sua transformação em expressão da liberdade. Essa liberdade realizada por meio da arte cria o suporte para a liberdade política, uma vez que a primeira é considerada por ele como o passo intermediário para que essa última ocorra. Para Veiga[91], trata-se de um raciocínio simples: "não se pode realizar o estado ético, ou seja, o estado de liberdade, se os seres humanos que constituem a sociedade não realizarem antes a libertação em si". Isso acontece porque a essência dessa liberdade é antropológica e não política. A qualidade política passa pelo processo de evolução cultural dos indivíduos, pois a sociedade se torna ética quando o próprio homem se torna ético.

Na perspectiva schilleriana, a compreensão da transitoriedade da vida material é apontada como um elemento fundamental da evolução humana, por meio do caminho assinalado pelos sentidos. Em vez de retornar a uma unidade perdida no passado, o homem buscará conquistar uma autonomia para superar a fragmentação da vida atual, rumo a uma nova plenitude. Essa plenitude exige a transformação do mundo, que pode ser obtida pela arte e suas extensões, como suporte para que o ser humano possa realizar a si mesmo e transformar a natureza rumo à liberdade. É nesse sentido que Schiller vê a beleza como a segunda criadora do homem, tanto poeticamente quanto filosoficamente[92].

Veiga[93] explica que esse impulso criador é chamado de lúdico por Schiller, em analogia com o brincar infantil: "A criança

[91] VEIGA, 1994, p. 154.
[92] Ibidem.
[93] Ibidem.

que brinca não se sente coagida nem pela sensibilidade (matéria) e tampouco pela razão (forma)"[94]. São as percepções dela que lhe permitem dar forma a um monte de areia e, segundo sua imaginação, transformá-lo em um castelo, sem a necessidade de seguir a lógica intrínseca e necessária ao conceito de castelo.

A intenção de Schiller é "defender a causa da beleza perante o coração que sente o seu poder e o exerce"[95]. Segundo ele, existe uma relação entre a moralidade, o senso estético e a construção da liberdade política. Ele considera a arte como filha da liberdade, que é legislada pela necessidade do espírito. Essa relação atualiza-se por meio da comparação entre a experiência moral e o fenômeno da beleza[96]. É pela beleza que se vai para a liberdade, sendo possível, nesse caminho, buscar a solução para o problema político por meio da experiência.

Na concepção schilleriana, o juízo estético vincula-se aos princípios da razão em seu uso mais sublime: o prático[97]. Pela razão prática podem-se dirimir as controvérsias existentes nas reflexões sobre a questão estética. Não existe um conceito empírico de beleza. As representações do belo são conflitantes com a experiência porque o que se sente como belo não é o belo absoluto. O belo é um imperativo, uma tarefa necessária para a natureza racional e sensível do homem. Na experiência real, essa tarefa permanece inacabada porque, independentemente da beleza do objeto, o entendimento antecipador torna-o perfeito ou o sentido antecipador torna-o meramente agradável.

Por sua vez, a razão, na utilização predominante da sua faculdade analítica, "rouba necessariamente a força e o fogo à fantasia"[98]. Isso torna frio o coração do pensador abstrato, pois

---

[94] SCHILLER, 1995, p. 7.
[95] Ibidem, p. 23.
[96] Ibidem, p. 25.
[97] SUZUKI, Márcio. O Belo como Imperativo. In: SCHILLER, F. **A Educação Estética do Homem**. S. Paulo: Iluminuras, 1995.
[98] Ibidem, p. 43.

"desmembra as impressões que só como um todo comovem a alma"[99]. Embora Schiller reconheça a necessidade dessa faculdade analítica para a criação da ciência moderna, ele vê o risco causado pela unilateralidade de pensamento que sacrifica a visão do todo, propondo o reestabelecimento da "totalidade que foi destruída pelo artifício"[100].

Schiller aponta a fragmentação em outros âmbitos das ações humanas, como o egoísmo e o individualismo na sociedade, as classes sociais diferenciadas e seus problemas, as políticas dos governos de sua época, a impressão que foi causada nele pelos atos cometidos durante a Revolução Francesa, especialmente seus excessos. Todas essas cenas sociais lhe parecem fruto da concepção de arte e da erudição vigentes no seu tempo e permitidas pelo novo espírito de governo durante a referida revolução. A própria cultura evolui para a experiência ampliada e os pensamentos mais precisos que conduzem a separação nítida das ciências. Ao mesmo tempo, o mecanismo mais intrincado dos Estados torna necessária a delimitação rigorosa dos estamentos e dos negócios. Schiller reconhece nesse quadro o rompimento da unidade interior da natureza humana, que divide o entendimento intuitivo e o especulativo, colocando-os em campos opostos, que geram entre si desconfiança e ciúme, limitando esferas de atuação e oprimindo potencialidades. Por um lado, a imaginação desenfreada devasta o entendimento, por outro o espírito de abstração prejudica o sentimento e a fantasia criadora. Acredito que o autor se refira aqui à ruptura ocorrida na vida do homem acostumado ao ritmo da terra e das estações climáticas em seu trabalho no campo. Na vida urbana que se apresentava nesse período, a harmonia desse ciclo foi rompida e substituída por uma rotina avessa aos seus costumes. O homem não pode mais se identificar com o produto de seu trabalho. E o

[99] SUZUKI, 1995. p. 43.
[100] SCHILLER, 1995, p. 45.

governo da época não apresentava soluções práticas para os problemas que surgiam com o novo estilo de vida.

Algumas profissões prestigiam somente a memória ou apenas a abstração de raciocínio, enquanto outras apenas as habilidades mecânicas, desconsiderando o caráter ou o entendimento pela valorização de um espírito de ordem ou pelo comportamento legal. Para Schiller[101], "se vai aniquilando a vida concreta individual, para que o abstrato do todo prolongue sua existência precária, e o Estado continua eternamente estranho aos seus cidadãos, pois que o sentimento não pode encontrá-lo em parte alguma"[102].

Schiller indaga se a solução dessas questões pode vir do Estado, mas ele mesmo responde que se esse foi um dos causadores do mal, dificilmente apresentará um caminho melhor para ser trilhado. Embora crie leis, ele não fornece o subsídio interno de que o ser humano necessita para cumpri-las. Existe um conflito latente entre o homem ético, apenas problematizado, e os impulsos cegos que ele deve acalmar em si para finalmente cumprir essas leis. Há um conflito de forças cegas no mundo político que impede a lei da sociabilidade de vencer o egoísmo hostil. A razão faz o que pode para encontrar e estabelecer a lei. No entanto, sua aplicação depende da vontade corajosa e do vivo sentimento. É pensando na harmonia entre essas forças que Schiller faz sua proposta para a educação estética do ser humano.

A verdade deve vencer o conflito contra as forças políticas e da produção tornando-se uma força e apresentando um impulso que a estabeleça no mundo. Para Schiller, os impulsos são as forças motoras do mundo sensível. A verdade vai ocupar o seu lugar não apenas quando o entendimento souber revelá-la, mas quando o coração se abrir e receber o impulso que dela emana[103].

---

[101] SCHILLER, 1995.
[102] Ibidem, p. 42.
[103] Ibidem, p. 49.

É importante perceber o que Schiller fala sobre a verdade, pois está considerando a evolução do conhecimento em sua época como um triunfo da razão que descobriu conceitos e corrigiu distorções do conhecimento destruindo ilusões que dificultavam o entendimento dos princípios práticos desse conhecimento. Nesse sentido, o acesso à verdade permitido pelo espírito da livre investigação purificou a razão dos sentimentos ilusórios e dos sofismas enganosos. No entanto, ele se pergunta por que o ser humano ainda se comporta como bárbaro[104].

Schiller considera a possibilidade de existir algo nas mentes humanas que as impede de compreender a verdade mesmo quando ela está claramente exposta à sua frente. Por que às vezes o homem não ousa ser sábio? Ele conclui que o ser humano que luta contra a privação se desgasta e se esgota nessa tarefa e não encontra depois novas forças para combater o erro. Abandona então sua capacidade de pensar e concede "a tutela de seus conceitos agarrando-se com fé ávida às fórmulas que o Estado e o clero têm reservadas em tais casos"[105]. Outros homens, porém, apesar de libertos do jugo das necessidades, negam a si próprios a escolha de um destino melhor. A conclusão do autor é que a ilustração do entendimento reflui do caráter e dele também parte, em certo sentido, "pois o caminho para o intelecto precisa ser aberto pelo coração"[106]. Para tanto, a formação da sensibilidade é a necessidade premente "não apenas porque ela vem a ser um meio de tornar o conhecimento melhorado eficaz para a vida, mas também porque desperta para a própria melhora do conhecimento"[107].

Na concepção schilleriana, arte e ciência são pertencentes ao que há de eterno e necessário na natureza humana, e não ao

---

[104] SCHILLER, 1995, p. 90.
[105] Ibidem, p. 50.
[106] Ibidem, p. 51.
[107] Ibidem, p. 51.

que é arbitrário, contingente, factual e histórico, gozando de imunidade em face do arbítrio humano. A arte torna-se para ele o instrumento por meio do qual se alcança a formação da sensibilidade que determina a eficácia do conhecimento adquirido. Schiller ainda considera as ligações da arte e da ciência com o que ele denomina de *espírito da época*. Filósofos e artistas ocuparam-se em produzir conhecimento e arte em cada época. Alguns, porém, se destacam pelo fato de conseguirem resguardar-se das corrupções de sua época: "empenhando-se em engendrar o Ideal a partir da conjugação do possível e do necessário [...] moldá-lo em ilusão e verdade, nos jogos de sua imaginação e na seriedade de suas ações; [...] moldá-lo em todas as formas sensíveis e espirituais, e lançá-lo silenciosamente no tempo infinito"[108].

Para que o ser humano, seja qual for sua ocupação, não se distancie do seu propósito, nem pela rudeza, nem pelas vias opostas do esmorecimento e da perversão, o caminho apontado por Schiller é a beleza. "O sentimento educado para a beleza refina os costumes"[109], segundo o autor. Pela experiência cotidiana, o gosto cultivado propicia a clareza do entendimento, a vivacidade do sentimento e a liberalidade e dignidade na conduta. Embora a história encontre exemplos suficientes de que "gosto e liberdade se evitam e que a beleza funda seu domínio somente no crepúsculo das virtudes heroicas"[110], a cultura estética é a motivação "mais eficaz de toda a grandeza e excelência no homem"[111], não podendo ser substituída por outra. Trata-se de um conceito de beleza que deve ser procurado por meio da abstração e deduzido da possibilidade da natureza sensível-racional, ou seja, a beleza como condição necessária da humanidade. Para isso, Schiller procura elevar-se ao conceito puro de humanidade, buscando,

---

[108] SCHILLER, 1995, p. 54-55.
[109] Ibidem, p. 60.
[110] Idem, Ibidem, p. 60.
[111] Ibidem, p. 60.

nos modos de manifestação individuais e mutáveis, o absoluto e permanente, mediante a abstração de todas as limitações acidentais, as condições necessárias de sua existência. Justifica-se, segundo o autor, o uso da abstração na busca por um fundamento mais sólido do conhecimento, pois é ousando transcender a realidade que se conquista a verdade[112].

Seguindo esse caminho de abstração, Schiller chega à distinção do que é permanente no homem e daquilo que nele se modifica. Ao permanente, ele chama de *pessoa;* ao mutável, ele denomina de seu *estado.* Durante a existência de uma pessoa, alternam-se seus estados e mantém-se a pessoa. Passa-se do repouso à atividade, do afeto à indiferença, da concordância à contradição. O ser permanece inalterado somente no sujeito absoluto, porque todas as suas determinações já são parte de sua personalidade: "tudo o que a divindade é, ela é porque é; consequentemente, ela é tudo eternamente, pois é eterna" [113].

Com essas proposições, Schiller chega a um conceito de Eu: o ser humano não é porque pensa, quer e sente; e pensa, quer ou sente não porque é. Ele é porque é: sente, pensa e quer porque além dele existe algo que lhe é diverso que requer sua interação. Sendo assim, a pessoa tem de ser seu próprio fundamento, pois o que nela é permanente não pode provir da modificação; chega-se então à ideia do ser absoluto fundado em si mesmo que Schiller denomina de liberdade. A modificação ou o estado é causado, uma vez que não é absoluto, e ocorre no tempo, que é a condição de todo vir a ser. A pessoa que se revela no *eu* que perdura eternamente não pode vir a ser, porque é nela que se inicia o tempo. O *eu* que perdura torna-se fundamento da alternância. Um ser infinito não pode vir a ser, mas a tendência que tem como tarefa infinita, a marca mais própria da divindade, a proclamação absoluta da potencialidade –

---

[112] SCHILLER, 1995, p. 61.
[113] Ibidem, p. 63.

que Schiller denomina de realidade de todo o possível – e a unidade absoluta do fenômeno – chamada por ele de necessidade de todo o real – pode ser qualificada como divina, de acordo com ele.

Schiller acredita na disposição que o ser humano tem para alcançar a divindade. O caminho para atingi-la é apontado pelos sentidos. A possibilidade de dar forma à matéria, por meio da sua sensibilidade e da atuação pessoal. Sua personalidade e sua força de espírito realizam a forma na matéria, modificando a realidade. Dessa dinâmica, nascem as duas tendências opostas no homem ou as duas leis fundamentais da natureza sensível-racional. A primeira lei determina que deve "tornar mundo tudo que é mera forma e trazer ao fenômeno todas as suas disposições"[114]. A segunda determina a formalidade absoluta: "aniquilar em si mesmo tudo que é apenas mundo e introduzir coerência em todas as suas modificações"[115]. Trata-se de exteriorizar aquilo que se encontra em seu interior e formar a partir desse impulso todo o exterior. Essas tarefas são pensadas por Schiller como recondutoras ao conceito de divindade citado anteriormente.

Dar realidade ao necessário em nós é o que Schiller denomina de impulso sensível, enquanto *submeter a realidade fora de nós à lei da necessidade* é denominado de impulso formal[116]. A primeira parte da existência física do homem, de sua natureza sensível e submete-o às limitações do tempo e às modificações materiais da realidade. É esse impulso que permite a aparição da humanidade – enquanto qualidade – e torna impossível a perfeição dela, pois acorrenta o espírito ao mundo sensível, mesmo que este se empenhe em voltar aos limites da abstração, que marcha para o infinito. Essa ligação com o mundo sensível faz com que o sujeito se volte para a realidade para utilizar seus conhecimentos para interferir nela.

---

[114] SCHILLER, 1995, p. 65.
[115] Ibidem, p. 65.
[116] Ibidem, p. 65.

O segundo impulso, denominado formal, parte da existência absoluta do homem ou de sua natureza racional que desejar ser livre e harmonizar-se em contraposição à multiplicidade dos fenômenos e afirmar sua pessoa em detrimento das alternâncias de estado. Ele responde por tudo que é permanente e constante nesse sujeito, concedendo-lhe poder de decisão e ordenação sem preocupação temporal, como se fosse possível manter-se necessário e eterno sempre. Segundo Schiller, o impulso formal exige a verdade e a justiça. O primeiro impulso constitui os casos e o segundo fornece as leis "para todos os juízos no que se refere a conhecimentos e para todas as vontades no se refere às ações"[117].

À primeira vista, parece que impulso sensível e impulso formal estão tão distantes um do outro que nada poderia harmonizá-los. O primeiro exige modificação, enquanto o segundo ordena imutabilidade. No entanto, ambos parecem esgotar o conceito de humanidade sem permitir a reconstituição da unidade da natureza humana. Schiller esclarece que a modificação diz respeito ao que ele anteriormente definiu como *estado*, enquanto a imutabilidade concerne à *pessoa*. Os limites dos dois impulsos são determinados pela cultura, que deve resguardar a sensibilidade das intervenções da liberdade pelo cultivo da faculdade sensível; ao mesmo tempo defender a personalidade contra o poder da sensibilidade pelo cultivo da faculdade racional. O desenvolvimento da percepção dos fenômenos permite a ampliação dos estados que o sujeito pode vivenciar. Quanto mais força e profundidade sua personalidade alcança, mais amplia-se sua concepção do mundo.

A cultura consiste na oportunidade de a faculdade sensível obter contatos multifacetados com o mundo e deixar que ocorra, também, uma passividade do sentimento. Ao mesmo tempo, a faculdade racional pode ter uma independência em relação à

---

[117] SCHILLER, 1995. p. 69.

faculdade receptiva, ativando ao extremo a atividade da razão. Se ambas as qualidades se unificam, Schiller afirma que o homem atinge a plenitude de sua existência aliada à máxima independência e liberdade "abarcando o mundo em lugar de nele perder-se e submetendo a infinita multiplicidade dos fenômenos à unidade de sua razão"[118].

Os dois impulsos limitam-se caso sejam pensados como energias que necessitam de distensão. O impulso sensível não deve penetrar o âmbito da legislação, enquanto o formal não pode adentrar o âmbito da sensibilidade. No caso da sensibilidade, ela deve ser exercida na liberdade, como atividade do sujeito que equilibra a intensidade sensível pela intensidade moral. A razão deve ser moderada pelo vigor do pensamento e da vontade. O impulso sensível ou material é contido convenientemente pela personalidade, enquanto o impulso formal é moderado pela receptividade ou pela natureza[119].

Chega-se, dessa forma, ao conceito de reciprocidade entre esses impulsos. No momento em que o sujeito vivencia a dupla experiência de ser consciente de sua liberdade e sente sua existência, percebendo-se tanto como matéria quanto como espírito, ele tem a intuição plena de sua humanidade. Nesse caso, um novo impulso é despertado, porque os dois primeiros estão atuando conjuntamente. Esse novo impulso é oposto a ambos e é denominado por Schiller de impulso lúdico, o qual impõe a necessidade ao espírito física e moralmente a um só tempo; ele "suprimirá toda contingência e toda necessidade, libertando o homem tanto moral como fisicamente"[120].

O impulso lúdico funciona como um fator equilibrante entre os dois outros impulsos, atuando por meio do belo. A ideia de

---

[118] SCHILLER, 1995. p. 73.
[119] Ibidem, p. 75.
[120] Ibidem, p. 78.

beleza para Schiller tem uma conotação particular, diretamente relacionada com seu conceito de educação estética. O impulso lúdico toma a influência dinâmica das sensações e dos afetos, harmonizando-os com as leis e as ideias da razão, despindo-as de seu constrangimento e compatibilizando-as com o interesse dos sentidos. O objeto do impulso sensível é denominado por Schiller de *vida* em seu significado mais amplo. O objeto do impulso formal ele chama de *forma*, tanto em seu significado próprio como no figurado. Ao objeto do impulso lúdico, ele chamará de *forma viva*, um conceito que designa todas as qualidades estéticas dos fenômenos ou, em *um sentido mais amplo, beleza*[121].

A beleza na ideia é una, indivisível; na experiência ela será eternamente dupla, variando em seu equilíbrio para aquém e para além. O efeito do belo pode ser dissolvente ou tensionante. O primeiro mantém em seus limites o impulso sensível e o formal. O segundo assegura aos dois impulsos sua força. Essa dinâmica recíproca garante que o produto seja a mais pura beleza. A tarefa da cultura é fazer das belezas a *beleza*[122].

O homem sensível é conduzido à forma e ao pensamento pela beleza. O homem espiritual é reconduzido à matéria e entregue de volta ao mundo sensível pela beleza. Ela parece proporcionar um *estado intermediário* para o qual o ser humano pode ser transportado, porque a beleza liga os opostos da sensação e do pensamento, embora não exista meio termo entre ambos. Quando essa vinculação ocorre, a oposição suprime-se, transmutando os dois estados em um terceiro, denominado por Schiller de *estado estético*. O belo permite que se passe da sensação ao pensamento. No entanto, não se preenche o abismo existente entre passividade e ação ou entre sensação e pensamento. O pensamento é a ação que torna possível o surgimento de uma nova

---

[121] SCHILLER, 1995. p. 81.
[122] Ibidem, p. 87-88.

faculdade que se manifestará por meio dos sentidos. A beleza torna-se um meio de levar o homem da matéria à forma, das sensações às leis, de uma existência limitada à absoluta.

A liberdade, segundo Schiller, origina-se da ação dos impulsos opostos fundamentais que perdem seu constrangimento e, opondo suas necessidades, permitem seu surgimento. Isso significa que o homem livre só pode surgir depois que esses impulsos estejam desenvolvidos. O impulso sensível precede o racional na atuação, a sensação precede a consciência. Nessa prioridade do primeiro impulso, reside "a chave da história da liberdade humana"[123]. A sensação é poder no impulso vital, quando o homem ainda não está plenamente desenvolvido. No estado do pensar, o poder é exercido pela razão. Ao atingir o estado estético, o homem atinge sua plenitude e o poder é exercido pela vontade. Nesse momento, a sensibilidade e a razão são simultaneamente ativas, suprimindo seu próprio poder de determinação. Essa posição intermediária é uma disposição livre, o estado estético, de determinabilidade real e ativa[124].

O estado de liberdade estética não decide sobre conhecimentos e intenções do sujeito, nem o quanto ao valor intelectual e moral de seus atos. No entanto, é condição necessária para que se chegue ao conhecimento e à intenção moral. A beleza não fornece o resultado para o entendimento nem para a vontade, porque não interfere no pensar ou no decidir; ela apenas aprimora em ambos a faculdade efetiva em sua forma pura. O sujeito no estado estético emitirá juízos universais e agirá segundo eles, pois, quando ele atinge esse estado, o conhecimento e as intenções morais dependem apenas das oportunidades de colocá-las em ação.

É possível perceber que Schiller estabelece o surgimento do estado estético tanto enquanto fruição do belo como na sua criação. Esse princípio é aplicado por Steiner na metodologia de

---

[123] SCHILLER, 1995. p. 105.
[124] Ibidem, p. 106-107.

ensino criada para as escolas Waldorf. Quando Schiller diz que a beleza é a segunda criadora do homem porque deixa a vontade livre para realizá-la, ele menciona a natureza criadora. Quando o homem cria à imagem do que faz a natureza, ele usa a determinação de sua vontade. É o que se busca ao utilizar a expressão artística na escola. Educar a vontade e por meio dela o sentir e a razão. Pode-se comparar impulso sensível, impulso lúdico e impulso racional em Schiller, respectivamente com aquilo que Steiner define como querer, sentir e pensar. Esses três conceitos são fundamentais na Pedagogia Waldorf e estão ligados aos septênios, conforme já foi apresentado no livro *A Pedagogia Waldorf: Cultura, Organização e Dinâmica Social*[125].

A influência de Goethe no pensamento steineriano é também bastante marcante. Se *A Educação Estética do Homem*, proposta por Schiller, ajudou-o a encontrar o caminho que, no seu entender, ligava a arte ao conhecimento humano, a visão goethianística consolidou-o. O papel da arte na metodologia utilizada pelo professor Waldorf é melhor compreendida quando se aprofunda o entendimento sobre Rudolf Steiner e sua busca de um caminho cognitivo percorrido pelo ser humano que indaga qual seu papel no mundo. Segundo suas próprias crenças espirituais, há uma relação estreita entre ciência, arte e religião[126] com a moralidade e o conhecimento adquirido pelo ser humano. Sua visão de mundo foi fortemente influenciada pelo idealismo alemão e, especialmente por Goethe, como grande representante do imaginário germânico.

O aprofundamento na visão de mundo steineriana revela que seu discurso, embora marcado pelo elemento positivista

---

[125] ROMANELLI, R. A. **A Pedagogia Waldorf:** Cultura, Organização e Dinâmica Social. Curitiba: Ârtera, 2017.

[126] Caberia elucidar que a visão de Steiner sobre religião seria mais sobre o caráter de veneração às coisas sagradas, à crença, à devoção, à piedade e à fé. Seria mais um sentido de religiosidade, um sentimento de religação com o aspecto divino, sem que haja, no entanto, uma submissão aos dogmas.

fortemente enraizado no mundo científico de sua época e, pela lógica identitária, por ele usada abundantemente, possui um conteúdo permeado pelo conhecimento hermético[127]. Steiner acredita que esse conhecimento é o caminho real para a liberdade humana, por meio do desenvolvimento de uma intuição consciente obtida pela cognição ampliada[128]. A visão steineriana pode ser compreendida por meio do referencial teórico desenvolvido por Durand[129], que esclarece que a imaginação foi relegada a um plano inferior dentro dos campos de conhecimento, sendo possível mapear esse processo ao longo da história.

Durand afirma que o método da verdade surgiu com o socratismo e a lógica binária, que considera apenas dois valores, um falso e outro verdadeiro. A ele uniu-se o iconoclasmo religioso, como herança de Sócrates, seguido de Platão e Aristóteles, originando o único processo considerado eficaz para a busca da verdade. Durante séculos após Aristóteles (séc. 4 a.C.), a via de acesso para a verdade foi a experiência dos fatos, das certezas lógicas que conduziam a verdade pelo raciocínio binário denominado dialética. Esta se baseia no princípio de exclusão do terceiro termo, propondo duas soluções, uma absolutamente falsa e outra absolutamente verdadeira. Considerando que a imagem não pode ser reduzida a um argumento verdadeiro ou falso formal, tratando-se de um dado da percepção ou a conclusão de um raciocínio, passa a ser, dessa forma, desvalorizada como incerta e ambígua, não possibilitando que se extraia de sua percepção ou visão uma proposta verdadeira ou falsa formal.

> A imaginação, portanto, [...], é suspeita de ser "a amante do erro e da falsidade". A imagem pode se desenvolar dentro

---
[127] DURAND, 1979.
[128] De acordo com Veiga, o pensar intuitivo "*brota do silêncio meditativo, e é capaz de superar o materialismo e convertê-lo em passo intermediário necessário na busca pela realização da autonomia espiritual plena do ser humano*". (VEIGA, 1994, p. 91).
[129] DURAND, 1988.

de uma descrição infinita e uma contemplação inesgotável. Incapaz de permanecer bloqueada no enunciado claro de um silogismo, ela propõe uma "realidade velada" enquanto a lógica aristotélica exige "claridade e diferença"[130]

Entendida a existência dessa ruptura, pode-se compreender por que Steiner formula sua teoria no sentido de ressignificar a posição que a imaginação e a criatividade artística ocupam desde antes que ela ocorresse. Segundo ele, a arte ocupa uma posição privilegiada no desenvolvimento cognitivo humano, justificando o fato de a Pedagogia Waldorf ser profundamente calcada na atividade e na visão artística do professor. Imaginação, inspiração e intuição são as ferramentas básicas para que a atuação desse professor alcance os objetivos propostos por Steiner. É a *visão goethenística*, ou o *método científico de Goethe*, que auxilia o professor Waldorf em sua compreensão do mundo por meio desse instrumental. Dessa forma, rompe-se com a lógica binária supracitada, estabelecendo o terceiro termo e suas variantes descritas aqui.

Goethe inicia, por volta de 1790 a 1800, um período de intensa atividade que foi frutífera para sua atuação artística, tanto no aspecto teórico quanto no prático. É nessa época que ele estabelece seus laços de amizade com Schiller, extremamente relevantes por torná-lo receptivo à filosofia kantiana, em particular de sua *Crítica do Juízo*. Também a relação estabelecida com o professor de arqueologia Carl Philipp Moritz (1756-1793), que também é esteta e escritor, possibilita a Goethe o contato com a filosofia da natureza de Schelling. Nesse período, ele formula sua *Doutrina das Cores*[131], fruto de suas investigações sobre o lado natural da arte. No plano prático, seu trabalho de cuidar dos assuntos artísticos e culturais da corte de Weimar possibilita-lhe a reflexão sobre a arte e a estética.

---

[130] DURAND, 1988.
[131] GOETHE, J. W. **Doutrina das Cores**. São Paulo: Nova Alexandria, 1993.

A partir dessas influências, Goethe escreveu seu artigo *Imitação simples da natureza, Maneira e Estilo*[132], com reflexões acerca do exercício dos olhos e das mãos do artista e os diversos graus de perfeição possíveis de se atingir por meio da pintura. Esses graus, ou estágios, são três na visão goethiana. O homem dotado de talento natural é capaz de *uma imitação simples da natureza*, produzindo em suas obras objetos *agradáveis e limitados*, de acordo com a classificação do autor. Esse estágio insatisfatório e restrito para o homem leva-o a esmerar-se, desenvolvendo uma linguagem própria para expressar o que sua alma captou, chamada por Goethe de *maneira*. O artista já capacitado a expressar opinião própria sobre os objetos "vê, apreende e forma o mundo diferentemente, captando suas manifestações mais serena ou mais levemente e reproduzindo-as de maneira mais fugaz ou mais sólida"[133].

O terceiro estágio pode ser atingido pelo artista que seja capaz de fazer um estudo exato e profundo da natureza. A influência da filosofia da natureza de Schelling fez Goethe sugerir ao artista que a imitação simples de objetos da natureza pode ser elevada a um alto nível de apreensão dos conceitos universais, como na afirmação a seguir: "É natural que quem reproduz rosas em breve saiba distinguir e reconhecer as mais belas e frescas e escolhê-las, dentre as milhares que o verão lhe oferece"[134]. O estudo exato e profundo das coisas possibilita conhecer melhor as suas particularidades, a maneira como subsistem, fornecendo uma visão abrangente de suas formas e características. O *Estilo*, o mais alto grau a ser atingido pela arte, "equiparando-se aos mais

---

[132] GOETHE, J. W. Imitação Simples da Natureza, Maneira e Estilo. In **Escritos sobre Arte**. São Paulo: Associação Editorial Humanitas/Imprensa Oficial, 2005.
[133] GOETHE, J.W. Imitação Simples da Natureza, Maneira e Estilo. Tradução de Marcelo da Veiga. **Anuário de Literatura da Pós-Graduação em Literatura Brasileira e Teoria Literária da UFSC**, v. 3, 1994, pp. 171-179.
[134] Idem, p. 173.

altos intentos do ser humano [...] repousa nos fundamentos mais profundos da cognição, na essência das coisas, contanto seja permitido reconhecê-la em formas visíveis e palpáveis"[135]. Nesse mesmo artigo, Goethe afirma que "o conceito puro só poderá ser estudado na própria natureza e nas obras de arte"[136].

Com essa ideia, pode-se justificar a visão steineriana de que ciência e arte surjam como dois aspectos de uma mesma verdade. Considerando o conceito de estilo como um estágio cognitivo avançado que permite ao ser humano captar a essência das coisas, podendo então elaborar seu conceito, vislumbra-se o senso estético como caminho utilizado para apreender conceitos científicos, como o próprio Goethe fez quando definiu sua planta primordial, conceito formulado pelo poeta em seus estudos sobre botânica.

É importante lembrar que Steiner foi incumbido da tarefa de cuidar da edição da obra científica de Goethe para a *Literatura Nacional Alemã* em 1886. Ele foi escolhido exatamente por sua afinidade com a visão do poeta. Steiner acreditava que tanto quanto a poesia goethiana consiste na base da cultura alemã, sua elaboração científica possa ser compreendida como a base para outra visão de ciência. Segundo a visão steineriana, o poeta destaca-se pela sua concepção e por sua abordagem mais do que pelos assuntos que tenha estudado. Para explicar essa abordagem, Steiner escreveu duas obras que fazem parte de seus escritos básicos para o desenvolvimento da cosmovisão antroposófica: *Linhas básicas para uma teoria do conhecimento na cosmovisão de Goethe* e *A obra científica de Goethe*[137].

---

[135] GOETHE, 1994.
[136] Ibidem.
[137] STEINER, Rudolf. **Linhas básicas para uma teoria do conhecimento na cosmovisão de Goethe.** S. Paulo: Antroposófica, 1986, e Idem. **A obra científica de Goethe.** S. Paulo: Antroposófica, 1984.

Nesses livros, Steiner apresenta a visão científica de Goethe como "*a mais multifacetada que se pode imaginar*"[138]. Segundo ele, Goethe contempla o objeto de seu estudo conforme a natureza que ele lhe apresenta, mas essa contemplação parte do centro interior da personalidade do poeta. Sua atitude interna reside em buscar no objeto o modo com que este deve ser considerado, não impondo a esse objeto sua metodologia para entendê-lo. Em outras palavras, não é o modo de abordar que Goethe tinha em sua mente, enquanto sujeito da pesquisa, que o fazia olhar o objeto de determinada maneira, mas, sim, a natureza desse mesmo objeto estudado que lhe fornecia a forma a ser utilizada para fazê-lo, pois: "a cosmovisão de Goethe encerra em si vários rumos de pensamento, ao passo que não pode ser permeada por nenhuma concepção unilateral"[139].

Nesse sentido, Steiner afirma que Schiller e Goethe revolucionam a ciência alemã com seu pensamento e podem contribuir na evolução do pensamento com elementos filosóficos significativos. Ele acredita que Schiller desenvolve elementos significativos de forma conceitualmente clara em princípios bem formados. Goethe por sua vez formula esse importante modo de contemplar o objeto pesquisado. Steiner constrói sua cosmovisão tomando como ponto de partida o modo de contemplar proposto por Goethe e a elaboração conceitual na forma de princípios apontada por Schiller. Dessa forma, ele busca apoiar a cosmovisão goethiana em leis básicas consistentes, representando-a fundamentada em si mesma. Sua proposta é fazê-lo de acordo com as exigências da ciência de sua época. Uma afirmação de Goethe destacada por Steiner pode introduzir o caminho seguido

---

[138] STEINER, 1986, p. 18-19.
[139] Ibidem.

por Steiner nesse intento: "a teoria em si e por si para nada serve se não nos faz crer na conexão dos fenômenos"[140].

No entendimento de Steiner, a ciência junta continuamente fatos que na experiência se encontram separados. Cada ciência em seu campo de atuação trabalha com um determinado conjunto de fenômenos. A maneira como se procura a conexão desses fenômenos vai configurar a abordagem que se quer dar para os estudos desenvolvidos. Steiner afirma que nessa configuração dois domínios se confrontam: o pensar humano e os objetos com os quais ele se ocupa.

A experiência acontece quando o pensar é atiçado pela realidade por meio de objetos que abordam o sujeito pensante no espaço e no tempo. Tudo se apresenta diante da percepção do sujeito que tem a sensação de um mundo exterior extremamente variado por meio de sua vivência interior, desenvolvida mais ou menos ricamente. No primeiro momento, Steiner afirma que não há nenhuma participação do sujeito na formação do que surge diante de sua percepção. Pode-se deixar que essas informações desfilem diante desse sujeito para que isso se configure como o que ele chama de experiência pura.

No momento seguinte, a atividade intelectual do sujeito já inicia um processo ordenador da infinita variedade de cores, formas, sons, forças etc. que apareceram à sua frente. A experiência pura cede lugar para uma situação de experiência e pensar. Por experiência pura entende-se que Steiner[141] considera a forma como a realidade se apresenta quando o sujeito renuncia a si mesmo, ou à sua atividade intelectual enquanto processo de entendimento dessa realidade dada.

Na realidade dada, nenhum objeto ou acontecimento pretende ser mais importante do que o outro enquanto compo-

---
[140] STEINER, 1986, p. 20.
[141] Ibidem, p. 22-23.

nente da experiência. A importância maior ou menor só se evidencia a partir da reflexão do sujeito sobre as conexões entre esses objetos e fenômenos que se lhe apresentaram. É a partir da reflexão sobre os detalhes que o objeto apresenta que se traça a imagem total dessa realidade para os sentidos do sujeito. Essa realidade se torna multifacetada em contraposição à imagem inicial global e unitária existente na experiência pura, antes da interação com o pensamento. Steiner conclui daí que é o pensar que traz a conexão.

Steiner afirma, durante o desenvolvimento desse raciocínio, que a existência da realidade não ocorre apenas como mundo subjetivo das representações do sujeito. Para ele[142], o mundo das percepções existe e não apenas no momento em que o sujeito o percebe e reflete sobre ele. Essa premissa é uma verdade fundamental para que ele estabeleça sua teoria cognitiva. Ele chama a atenção para o fato de que é preciso não confundir a experiência pura com conceitos que o pensar já possa ter introduzido na imagem inicial que aparece tanto no mundo exterior quanto no mundo interior do sujeito. É importante que se utilize corretamente a linguagem, para ter clareza de se conceituar o objeto ou de apenas se direcionar o olhar do outro para ele.

Ele propõe um nome para cada uma dessas fases da cognição: a primeira forma, da experiência pura, pode ser denominada de *manifestação aos sentidos*; na segunda forma, que pressupõe a capacidade de percepção das vivências íntimas, a denominação é *sentido interior*. O caminho para adquirir o conhecimento pressupõe, segundo Steiner, que a partir da primeira forma – ou manifestação aos sentidos – o sujeito a supere, apoderando-se da essência do objeto em questão.

Nesse caminho cognitivo, o pensar é o elemento de conexão entre os fatos observados por meio da percepção. É

---
[142] STEINER, 1986.

o pensamento que estabelece as leis de regularidade entre os fatos que aparecem como fenômenos diante da consciência do sujeito. Estabelece-se por princípio que as determinações do pensar nessa experiência são encontradas dentro dela mesma. O princípio metódico consiste na exigência de deixar que o objeto estudado se apresente na primeira forma em que aparece e seja tornado objeto da ciência apenas dessa maneira. A gnosiologia fundamentada na cosmovisão goethiana atribui importância fundamental a essa fidelidade ao princípio da experiência. Segundo Steiner, Goethe reconhecia a validade desse princípio por considerar que as concepções superiores a respeito da natureza eram nada mais do que experiência, constituindo para o poeta uma *natureza superior dentro da natureza*. Isso significa que as leis da ciência se encontram na própria experiência, bastando que o sujeito se aprofunde nela – na experiência – para encontrá-las – as leis.

Outra possibilidade no caminho cognitivo steineriano é que o sujeito observe seu pensar da mesma maneira que pode observar os fenômenos externos. Percebendo que a origem do pensamento é a própria consciência, o sujeito pode elaborá-lo, reproduzir seu conteúdo, vivê-lo interiormente até conseguir que tenha significado para si. Assim se constata que o pensar pode fornecer esclarecimento tanto sobre a essência das manifestações aos sentidos como para o próprio pensar. Com isso Steiner quer dizer que se pode aplicar o princípio da experiência no próprio pensar, caso se forneça uma causa ocasional para que o conteúdo do pensamento se desenvolva segundo sua própria natureza.

Para ele, isso significa que o mundo dos pensamentos é uma entidade totalmente edificada em si mesma, em si perfeita e completa, sendo um mundo bilateral cuja essência reside na objetividade e não na subjetividade. Sobre esse ponto, o autor afirma sua concordância com Hegel, de que o campo do pensamento é exclusivamente a consciência humana sem que, com isso, se perca sua objetividade. Steiner afirma que, diante de um fenômeno, a postura correta não é defrontá-lo em uma atitude de passividade, mas, sim, admitir que objetivamente se contribua para sua manifestação. Ou seja, o fenômeno é percebido e produzido pelo sujeito. Isso ocorre porque, na opinião do autor, existe um único centro de pensamentos do mundo, com o qual o sujeito se sintoniza por meio de seu pensar individual. Ele pede que se considere isso como possibilidade para que se demonstre a objetividade do processo de pensamento.

Steiner propõe que se entre então no âmbito do pensar, examinando-o como se fosse toda a realidade. Sua intenção é indagar o que é o conhecer ou o que significa tecer pensamentos sobre a realidade. Esse caminho é *goethiano* no verdadeiro sentido da palavra quando se aprofunda na própria natureza do pensar, para depois ver o resultado, quando esse pensar, conhecido segundo a sua essência, é posto para relacionar-se com a experiência. Relembrando aqui que Goethe toma, inicialmente, os objetos como eles são, tentando penetrar sua natureza sem qualquer opinião subjetiva, dando oportunidade para que a natureza mostre suas leis.

Steiner[143], à luz dessas considerações, afirma que o pensar examinado em sua essência apresenta um conteúdo pleno, passível de apresentar-se quando surge uma manifestação sensorial, seja ela externa ou interna. Ele considera o pensar "como um órgão humano que se destina a observar algo superior ao que os sentidos oferecem"[144]. O pensar acessa o que os sentidos não podem experimentar, permeando o que se encontra oculto para eles. Steiner propõe que se considere outro lado da realidade que

---
[143] STEINER, 1986.
[144] Ibidem, p. 43.

ele denomina de *abordagem pensante do mundo*[145]. Enquanto a realidade se revela a partir do exterior, o pensar elabora-se interiormente para depois se externalizar.

Parece pertinente, a partir desse ponto de vista, que se considere importante na prática docente de uma escola Waldorf o desenvolvimento da percepção pelo treino da observação por meio do olhar artístico. Sobre isso se falará novamente quando se fizer a análise do material de campo. Aqui é preciso entender que Steiner propõe que se parta da experiência pura para o ato de pensar sobre a percepção da realidade dada, até o ponto em que o pensar não possa continuar o processo de conhecimento da realidade senão quando a percepção lhe fornecer outros dados a respeito dessa realidade.

Compreende-se então por que Steiner propõe arte e ciência como aspectos de uma mesma verdade. A *disposição fundamental* que Steiner acreditava residir no ser humano para compreender a essência das coisas e dos seres por meio da observação que os sentidos proporcionam ao artista que olha a natureza e os objetos, permitindo a captação da essência e a posterior formulação do conceito. É esse o princípio que o leva a utilizar a arte como base da metodologia de ensino.

Isso me leva a crer que é possível entender sua intenção por dois caminhos. No primeiro eu considero a possibilidade vislumbrada por Steiner de propiciar o desenvolvimento cognitivo infantil de maneira a não forçar o pensamento abstrato e conceitual antes de um amadurecimento adequado. Ele utiliza então as imagens para conduzir esse desenvolvimento suavemente por meio delas, seja pelas narrativas seja pela criação dessas imagens na prática do desenho e da pintura. O segundo caminho seria pelo desenvolvimento afetivo emocional e lúdico que é possível pela

---

[145] STEINER, 1986, p 43.

arte, conforme as bases obtidas pela filosofia schilleriana, que pode ser discutida pelo prisma da psicologia junguiana.

Retomando a cosmovisão goethiana, é preciso compreender em que ponto a arte e a ciência se encontram segundo Goethe e Steiner. Volte-se ao ponto anterior em que Steiner discutia os passos do processo de conhecimento. Quando o autor chega ao ponto em que, de acordo com suas palavras, "através de um juízo perceptivo se conhece um determinado objeto sensorial e através de sua própria entidade coincide um determinado conceito"[146], chega-se ao que ele afirma ser um pensar vivo. Estabelece-se uma relação em que o conceito sobre o objeto aflora do mundo dos pensamentos porque se deixa deduzir dos pensamentos que estão acessíveis ao sujeito cognitivo. Este reconhece nos pensamentos que estão no seu interior aquele que corresponde ao objeto estudado.

Esse processo é a contemplação proposta por Goethe, a qual fixa o pensamento que flui para conceituar determinada forma observada pela percepção da realidade dada. Steiner afirma que todas as ciências deveriam estar permeadas pela convicção de que seu conteúdo é um conteúdo de pensamentos que tem uma relação que permite ver no objeto de seu estudo uma forma particular de conceito[147].

Steiner propõe uma diferenciação entre as funções do intelecto e da razão, explicando-as como tarefas do pensar. O intelecto exerce a função diferenciadora e a razão reúne em seguida os conceitos isolados que foram criados, em um todo unitário. O intelecto separa e fixa os conceitos em uma primeira etapa, necessária à atividade científica superior. Para Steiner[148], o intelecto separa os conceitos que na verdade devem ter uma visão de

---

[146] STEINER, 1986, p. 45.
[147] Ibidem, p. 46.
[148] Ibidem.

unidade harmônica, que é necessidade essencial da humanidade. É por meio da função intelectual do pensar que se separam causa e efeito, mecanismo e organismo, liberdade e necessidade, ideia e realidade, espírito e natureza. É o intelecto que separa os conceitos em polaridades. Para que o mundo não pareça um caos difuso e obscuro[149], a razão vem promover um entrelaçamento dos conceitos criados pelo intelecto. Com isso ele quer explicar que a separação promovida pelo intelecto é uma necessidade enquanto estágio de desenvolvimento do conhecimento. A razão tem a tarefa de harmonizar essas polaridades conceituais, reconduzindo à realidade, a unidade de todo ser, "que antes era apenas sentida ou pressentida", pelo intelecto. Com a função da razão, ela é plenamente discernida. Para Steiner, o que ocorre é o aprofundamento do parecer dado pelo intelecto com o parecer dado pela razão[150]. Esse aprofundamento por meio da razão conduz à unidade que já existia antes do início do processo de conhecimento. A necessidade de fragmentação para entender e conceituar é uma etapa do entendimento humano.

Steiner afirma que a tarefa da ciência é superar o dualismo existente entre a experiência que é uma metade da realidade e o pensar que consiste na outra metade. O conhecimento acontece quando a mente humana é entendida como um órgão que capta os pensamentos do mundo, como os órgãos dos sentidos percebem a realidade dada a ser pensada. O ser humano como cidadão de dois mundos – o dos sentidos e o dos pensamentos – apodera-se da ciência para unir *ambos numa unidade inseparada*[151]. A essência de um objeto captado pelos sentidos é encontrada no pensar, dentro da própria consciência humana, na relação do objeto com

---

[149] STEINER, 1986, p. 47.
[150] Ibidem, p. 48.
[151] Ibidem, p. 52.

o sujeito. O pensar é uma totalidade em si, para a qual não há limites de conhecimento[152].

O autor explica que as ideias por ele desenvolvidas podem ser encontradas na correspondência entre Goethe e Schiller. Os poetas denominavam sua proposta de ciência de método do empirismo racional. Steiner segue seu raciocínio discutindo sobre o encaminhamento metodológico das ciências para o estudo da natureza inorgânica e orgânica, visto que Goethe dá contribuições significativas para a discussão nesse âmbito[153]. No que diz respeito ao inorgânico, o procedimento básico é o que já foi descrito da relação geral entre experiência e ciência. No âmbito da natureza orgânica, entretanto, Goethe formula sua noção de tipo. Mesmo que haja outros significados para a palavra do ponto de vista linguístico, Steiner quer considerar aquele utilizado pelo poeta.

Uma explicação sobre o surgimento da noção de tipo é interessante para o entendimento do enfoque dado aqui. Goethe acredita que o pensar pode captar a essência interna do funcionamento dos órgãos dos seres vivos. Perguntar *de onde esse órgão surge*, no sentido de saber *como* cada órgão *se desenvolve*, era-lhe particularmente interessante, em detrimento de saber sua finalidade, por exemplo. O conhecimento do mundo orgânico deve ser fundamentado a partir das influências das condições externas sobre algo, *mas que esse algo se determine ativamente a partir de si mesmo* sob essas influências[154]. Esse fundamento aparece para Goethe sob o que ele denomina de *forma de generalidade, uma imagem geral do organismo*[155]. O tipo é a ideia do organismo, aquilo que faz a animalidade do animal, e permite enxergar a planta geral na planta especial. Trata-se de algo fluido, de que se podem

---
[152] STEINER, 1986, p. 53.
[153] Ibidem, p. 61-64.
[154] Ibidem, p. 66.
[155] Ibidem.

derivar todos os gêneros e espécies particulares como subtipos ou tipos especializados. Em outras palavras, a planta primordial e/ou o animal primordial. Essa noção pressupõe a ideia de arquétipo desenvolvida por Jung. *Arqué*, na definição aristotélica, significa princípio, fonte ou causa. *Arquétipo* significa modelo de seres criados; padrão, exemplar, modelo, protótipo[156]. Considerando que Goethe partia da imagem-ideia do mundo dado para o conceito e que os arquétipos são imagens por trás das funções e complexos psíquicos, percebe-se uma analogia possível entre ambos.

Para Goethe, a noção de tipo desempenha no mundo orgânico o mesmo papel que a lei natural preenche no mundo inorgânico. No entanto, ele requer uma intensa atividade da mente humana, pois nele forma e conteúdo estão intimamente ligados, pois ele permeia essa forma de maneira viva a partir de seu interior. Isso exige uma atitude intuitiva do pensar, devido a essa conexão entre conteúdo e forma, permeados pela imagem primordial que lhes corresponde. Esse procedimento significa que o conhecimento intelectual se dá sem que ocorra a demonstração e, sim, por uma convicção imediata, devido à unidade inseparável da percepção com o conteúdo estudado. Atitude intuitiva, nesse caso, significa *captar em essência o cerne do mundo*. É uma percepção imediata, uma penetração na verdade que nos dá tudo que a ela se refere[157].

No âmbito das ciências humanas, o objeto de estudo já tem em si aquilo que nas ciências naturais só surge com a reflexão sobre os objetos em questão. O conhecimento surge na confrontação de um ser humano com o outro. Para Steiner, as ciências humanas são *ciências da liberdade*, na medida em que *o atuante se realiza imediatamente no efeito, e que o efetuado se regula em si*

---

[156] DICIONÁRIO AURÉLIO. São Paulo: Ed. Folha, 1994/95.
[157] STEINER, 1986, p. 72.

mesmo[158]. É a ideia como se apresenta no indivíduo que conquista sua existência realizada em si mesma. O particular predomina sobre o geral, que passa a ser considerado na medida em que fornece esclarecimento sobre esse particular.

A teoria de conhecimento desenvolvida por Steiner a partir da cosmovisão goethiana compreende o ato de conhecer como atividade da mente humana. O conteúdo da ciência é ideia mentalmente apreendida por essa atividade. É assim que Steiner aproxima o conhecer do criar artístico, uma vez que esse é produção ativa do ser humano. Para ele, *"tanto a atividade cognitiva quanto a artística se baseiam no fato de o ser humano se elevar da realidade como produto à realidade como produtor; ascender do criado ao criar, da casualidade à necessidade"*[159]. Em Goethe, Steiner encontra uma ligação objetiva entre arte e ciência, pois o poeta possuía uma tendência artística que apresentava uma necessidade interior de ser complementada pelo pensar científico. Goethe considerava a arte e a ciência como as duas manifestações da lei fundamental do Universo. Suas afirmações testemunham isso: "Penso que se poderia chamar a ciência de conhecimento do geral, de saber abstraído; a arte seria então ciência usada para a ação: a ciência seria razão, e a arte, seu mecanismo – motivo pelo qual poderia ser chamada de ciência prática"[160]. Outra afirmação relevante para se entender a cosmovisão steineriana é a seguinte: "O que a ciência enuncia como ideia (teorema) a arte deve gravá--lo na matéria, pois deve constituir seu problema"[161].

Nesse sentido, ciência e arte configuram-se para Steiner como para Goethe na impressão que o ser humano dá aos objetos. Na primeira aparece como ideia o que a segunda concretiza na matéria perceptível. Ou ainda: "a arte cunha em um

---
[158] STEINER, 1986, p. 75.
[159] Ibidem, p. 83.
[160] GOETHE, J. W. **Sprüche in Prosa**, NW IV/II/535, apud STEINER, 1984, p. 81.
[161] Ibidem.

material do mundo existente o infinito, que a ciência procura no finito e se esforça em representar na ideia"[162]. Para Steiner, o que aparece na ciência como uma ideia na arte é uma imagem, por isso ele afirma que Goethe considerava que o belo era o vislumbre sensorial da ideia[163].

Entende-se, então, por que para Steiner a meta da superação da sensorialidade pelo espírito alcançava-se por meio da arte e da ciência. Isso torna mais relevante o uso da elaboração artística na prática cotidiana da escola Waldorf. Pode-se agora tecer mais algumas considerações sobre o enfoque que a Antroposofia aplica ao ser humano e à sociedade onde ele se insere para que a Pedagogia Waldorf e o uso da arte em sua metodologia sejam melhor compreendidos.

2.2 A concepção de homem, educação e sociedade na cosmovisão antroposófica

A Antroposofia considera o ser humano como portador de quatro entidades ou corpos. Essa descrição coincide com saberes tradicionais e antigos pelos quais o homem não é visto apenas como um ser terreno. O primeiro deles é o corpo físico, composto das substâncias existentes no mundo mineral e sujeito às leis que o regem. Como segunda entidade, o homem possui o corpo etérico ou vital, portador do princípio que atua nos seres vivos: plantas, animais e seres humanos. Esse princípio é responsável, de acordo com a Antroposofia, pelos fenômenos de crescimento, reprodução e demais funções metabólicas do ser humano. A terceira entidade é chamada de corpo astral ou das sensações, que aparece apenas nos animais e no homem, sendo veículo da vida de sentimentos e de sua expressão. A quarta entidade é chamada

[162] STEINER, 1986, p. 83.
[163] Ibidem.

de EU, portadora da individualidade, da consciência humana. Apenas o ser humano a possui como a parcela da divindade que nele se manifesta.

Essa cosmovisão também considera o ser humano como uma entidade trimembrada, formada por corpo, alma e espírito. A disposição da entidade humana em quatro corpos é utilizada na relação do homem com os reinos da natureza: mineral-físico, vegetal-etérico, animal-astral. O quarto corpo que já se denominou de EU, o ser humano possui em comum com o plano divino, espiritual, de acordo com as tradições religiosas, aquilo que faz dele a imagem e semelhança da divindade criadora.

A visão trimembrada do ser humano faz sua conexão direta com seu estar no mundo. O corpo, portador dos processos metabólicos que o estruturam e o desenvolvem, carrega em si a força vital que permite ao ser humano exercer sua vontade, seu querer. A alma, corpo astral, carrega a vida dos sentimentos, o sentir humano. O espírito é o portador do Eu e da vida intelectual ou do pensar. Steiner considera também três sistemas ou membros da organização corpórea do ser humano. O primeiro é o sistema neurossensorial do homem, que tem seu centro na cabeça e dela se irradia para o resto do corpo humano. O segundo é o sistema rítmico que abrange a respiração e o sistema sanguíneo. O terceiro sistema é o metabólico-motor que é responsável pelos processos metabólicos e pelo movimento. A organização corpórea dá sustentação física para a vida da alma, ou vida anímica, segundo o autor. Os três sistemas relacionam-se respectivamente com as três forças da alma humana: pensar sentir e querer. Na Pedagogia Waldorf, o processo cognitivo estabelece-se como um caminho que procura o equilíbrio entre as tendências do pensar e do sentir para a educação da vontade – o querer. Essa educação faz-se a partir da harmonização do sentir, a partir do entendimento do homem trimembrado, considerado por Steiner como um ser que percebe o mundo por meio dos seus órgãos dos sentidos.

Olhar para o ser humano trimembrado permite outro ponto de vista que considera a possibilidade de três estados de consciência que acontecem no dia a dia. O estado de vigília é o mais consciente dos três. Seu oposto é o estado de sono, inconsciente. O estado intermediário é a consciência de sonho, segundo Steiner[164]. Durante o dia, mesmo estando acordado e atento, o ser humano vivência processos no estado onírico e no estado inconsciente. Isso quer dizer que, enquanto seu pensar consciente atua nas tarefas do dia, seu processo rítmico, responsável pela respiração e pela circulação sanguínea, está em um estado de consciência de sonho, ligado ao sentir e aos processos imaginativos. Ao mesmo tempo, os processos metabólicos e motores ocorrem sem que o indivíduo precise se conscientizar deles. Ele caminha e digere os alimentos sem precisar estar consciente de que isso acontece.

De acordo com essa perspectiva, o nosso pensar ocorre em um nível totalmente consciente, enquanto o sentir ocorre em um estado onírico, semiconsciente, e o querer está mergulhado no inconsciente, pois seus impulsos estão ligados ao sistema metabólico-motor que atua nesse âmbito. Por essa razão, tem-se a impressão de não saber por que se quer alguma coisa, sem saber de onde esse impulso de vontade surgiu. Por esses motivos, Steiner afirma que o indivíduo está acordado e ativo no pensar, sonha no seu sentir e dorme no seu querer. Aeppli[165] afirma que o entendimento do papel dos sentidos no processo cognitivo humano é essencial para a compreensão da teoria do conhecimento de Rudolf Steiner. No adulto, esse processo de conhecimento recai

---

[164] STEINER, Rudolf. **Os Doze Sentidos**. S. Paulo: Antroposófica, 1997c.
[165] AEPPLI, Willi. **The Care and Development of the human senses** – Rudolf Steiner's work on the significance of the senses in education. Great Britain: Steiner Schools Fellowship, 1993.

sobre a percepção e o pensar, que se confrontam com o desdobramento de um mundo de tons, cores, cheiros, formas, linhas, temperaturas etc. São os sentidos, por meio de seus respectivos órgãos, que dão a percepção dos elementos citados, permitindo que o ser humano estabeleça conexões entre as informações recebidas por meio do pensar.

Na criança, essa separação entre percepção e pensamento ainda não é clara, pois ela ainda não se sente separada do mundo. Isso acontece porque a individualidade infantil não está suficientemente desenvolvida para que ela tenha consciência de seu eu, o que só acontece gradativamente. Por isso ela não confronta o mundo à sua volta para compreendê-lo. A educação dos sentidos abre as portas da percepção sensível, que permite entrar em contato com o mundo externo e interno, por meio das sensações. O ser humano conscientiza-se de que esse é o caminho para aprofundar seu conhecimento do mundo e de si mesmo. Por meio de atividades que propiciam o uso dos sentidos como a aquarela, a escultura, a música, a marcenaria, a euritmia, a arte da fala, o desenho e os diversos trabalhos manuais auxiliam esse desenvolvimento perceptivo, a Pedagogia Waldorf propõe-se a educá-los.

Steiner afirma a existência de 12 sentidos, que ele divide em três grupos: os sentidos do âmbito do querer, ou corpóreos: do tato, da vida, do movimento e do equilíbrio; os sentidos do âmbito do sentir, ou anímicos: do olfato, do paladar, da visão e térmico; os sentidos do âmbito do pensar, ou espirituais: da audição da linguagem do pensamento e do eu. Esses são os meios que o ser humano detém para entrar em contato consigo mesmo, com o outro e com o mundo que o cerca. Segundo Burkhard[166], o tato é o sentido primordial, pois já no útero a criança pode tatear a parede

---

[166] BURKHARD, Gudrun. **As Forças Zodiacais**: sua atuação na alma humana. 2. ed. São Paulo: Antroposófica. 1998

que a envolve. Ao nascer, as primeiras sensações que chegam a ela são dos braços maternos que a envolvem, a roupa macia que a agasalha sua pele. Quando cresce e começa a brincar, tatear os objetos de materiais diferentes permite-lhe apreender as diversas qualidades e sensações táteis proporcionadas pela variedade. Se essas sensações forem agradáveis a criança pequena vai acreditar que o *mundo é bom*. Isso pode auxiliá-la a desenvolver um bom *contato* com outras pessoas e ter bom *tato* em lidar com elas. Ajuda também ao contato com seu interior, percebendo-se a si mesma[167]. O tato, segundo Burkhard, é o grande *escultor* do mundo. Tatear ou fazer trabalhos manuais de olhos fechados é um exercício excelente para desenvolver esse sentido.

O segundo sentido corpóreo é o da vida, ou vital, que informa o estado do nosso corpo, seu bem-estar e harmonia. Por meio dele é possível perceber a atuação das forças da vida – crescimento e regeneração – e da morte – consciência e desgaste – do organismo. A corrente da vida e da morte que flui entre as forças da antipatia e da simpatia que, segundo Steiner, atua respectivamente na memória e na fantasia. "O sentido vital mantém a chama da vida acesa; ele é o sacerdote que cuida da chama do templo"[168].

O sentido do movimento informa o ser humano sobre as mudanças de posição, sobre como seu corpo se move e está ligado à musculatura dos membros e do corpo, principalmente. Ele está intimamente ligado ao desenvolvimento da postura ereta e do andar, sendo responsável pela consciência interna do exercício locomotor. Toda a motricidade fina utilizada durante a execução de trabalhos manuais, escrita ou modelagem, bem como toda a mobilidade do corpo durante a atividade física, como caminhadas, natação, jardinagem, marcenaria, tecelagem, é respon-

---

[167] BURKHARD, 1998, p. 203-204.
[168] Ibidem, p. 204.

sabilidade do sentido do movimento. Esse sentido está ligado à liberdade. Caso não haja atividade, pode-se conduzir à depressão, à hipocondria e à melancolia. O movimento feito com ritmo é fundamental para o bem-estar, como a dança e a eurritmia. Quando se observa o movimento dos outros seres, as formas da natureza ou uma figura geométrica utiliza-se esse sentido. No caso de uma pessoa surda, é o sentido do movimento que permite que ela possa acompanhar, por meio da visão, o movimento labial que é lido para a compreensão do que é falado. Também por meio desse sentido ela fala utilizando gestos.

O sentido do equilíbrio permite ao indivíduo orientar-se como ser ereto no espaço tridimensional[169]. Somado ao movimento, ele permite que o erguer-se e o andar se desenvolvam na criança. Pelo caminhar o ser humano conquista o espaço à sua volta. O equilíbrio emocional e espiritual liga-se a esse sentido, permitindo sentir a harmonia do ambiente, calma e concentração. O equilíbrio físico existe em relação à imobilidade dos objetos no espaço ao redor. Quando em movimento, ele é muito mais difícil de ser mantido e muitas pessoas sentem tonturas ou se desequilibram. Para dominar esse estado, é o próprio senso de equilíbrio que cria uma barreira para o interior do organismo, para que não haja contato com a consciência. Caso contrário, ocorrem enjoos, tonturas e mesmo doenças. Os arcos semicirculares do ouvido interno são a sede desse sentido. Subir em árvores, andar sobre muros e balançar-se são alguns dos exercícios que desenvolvem o sentido de equilíbrio.

O olfato é um sentido de transição do corpóreo para o anímico. Pode-se utilizá-lo para penetrar na intimidade de outro ser. O cheiro de uma substância é veiculado pelo ar; no qual deve estar dissolvida para que seja detectada. Dessa forma, pode-se evitar a inalação de gases tóxicos. Esse também é um dos sen-

---
[169] BURKHARD, 1998, p. 206.

tidos que entra em funcionamento já no bebê amamentado, que reconhece a mãe dessa maneira. Nos animais, ele é bem mais desenvolvido, permitindo a identificação das espécies entre si. No homem, ele pode levar a repulsa – na presença de um cheiro desagradável – ou a sentimentos agradáveis no caso de odores de flores e vegetais[170].

O paladar permite a penetração mais profunda na esfera do outro ser. Ao sentir o sabor do sumo de uma fruta ou outro vegetal, pode-se captar algo que lhe é essencial. Dessa forma, desenvolve-se a sensibilidade para o sabor que o corpo necessita: salgado, doce, amargo, picante, azedo ou ácido. Carregar demasiado em um desses sabores ao temperar diminui a capacidade gustativa e faz com que se perca o instinto alimentar saudável que permite o equilíbrio na dieta cotidiana. No plano anímico, costuma-se dizer que as pessoas são *doces amargas, ácidas* ou *azedas*, relacionando seu comportamento diante do outro com sua polidez ou rispidez. Ou, ainda, diz-se que a pessoa *tem bom gosto*, quando seu senso estético é bem desenvolvido[171].

O sentido da visão e o da audição, são os mais perfeitos do ponto de vista orgânico, podendo ser comparado a instrumentos físicos delicados e precisos. Sua precisão e perfeição permitem que eles captem as sensações de forma mais pura. Steiner compreende a visão a partir da abordagem goethiana, que a considera como um tatear que se ajusta aos objetos, seres e paisagens que vê, harmonizando constantemente as impressões que recebe de fora, percebendo a complementação das cores. O olho equilibra a incidência de luz com a pupila, que se dilata ou retrai regulando a entrada luminosa e ajusta as distâncias para enxergar objetos próximos ou distantes. Os dois olhos complementam sua atividade dando unidade à imagem e permitindo

---

[170] BURKHARD, 1998, p. 207-208.
[171] Ibidem, p. 208-209.

a observação espacial do objeto. As cores contempladas na pintura ou na natureza são alimento para a visão que deve ser dado durante toda a vida do ser humano[172].

O sentido térmico está intimamente relacionado com a parte anímica do ser humano. Ele pode ser sentido tanto física quanto animicamente se uma atmosfera calorosa predomina no ambiente. O calor humano é uma sensação física, mas que pode ser sentida e visualizada, em estados de raiva ou de afeto. Essa sensação também ocorre quando o organismo precisa combater uma doença por meio da febre. Há ainda a ausência de calor que se percebe nas mãos e pés frios. Para a Antroposofia, isso reflete uma maior ou menor participação do Eu no organismo físico. No caso da febre, o eu está combatendo a doença. No segundo caso, ele não consegue permear adequadamente o corpo físico. O frio enrijece o físico e também endurece a alma. Para a criança, o calor é essencial ao crescimento físico, mas também ao desenvolvimento anímico. Por isso, ambientes e roupas adequadas a eles são essenciais. Os idosos também precisam de cuidados nesse sentido[173].

Os órgãos da audição, como já foi dito, são extremamente aperfeiçoados do ponto de vista físico. Para bem desenvolvê-los, é importante o cultivo da música. O músico precisa ter bom ouvido para executar sua arte com maestria. Também precisa saber silenciar, controlar a fala para ouvir bem. A criança imita os sons da fala e dança com a música, acompanhando os movimentos que ela lhe sugere. O adulto também aprende aos poucos a escutar seus iguais para que o diálogo possa fluir. Saber ouvir o que o outro está falando é saber controlar as palavras e

---

[172] BURKHARD, 1998, p. 210-211.
[173] Ibidem, p. 212-213.

calar o pensamento. Assim se adquire uma virtude: saber ouvir e saber calar[174].

O sentido da linguagem permite-nos a compreensão dela. Depois de escutar, segue-se além e chega-se à compreensão. Trata-se de um sentido espiritual na concepção antroposófica[175], pois as palavras têm origem cósmica: *"No princípio era o Verbo, e o verbo estava com Deus, e o Verbo era Deus"*[176]. As forças espirituais condensaram-se aos poucos em formas e matérias terrestres. O conceito e a denominação de cada objeto tinham então relação profunda com sua essência, nos tempos primordiais da humanidade. Gradativamente, o homem foi perdendo essa conexão com o divino e as palavras já não guardam o conteúdo essencial de antes. Algumas línguas mais, outras menos, ainda se aproximam dessa essência. A laringe é o órgão da fala e que a capta vibrando interiormente. Ela apreende a criação divina da palavra e depois passa a criá-la. A euritmia foi especialmente criada por Rudolf Steiner como arte pela qual o corpo expressa o movimento realizado pelo ar ao sair da laringe. Ao visualizar esses movimentos, pode-se ter uma percepção mais profunda da linguagem falada e de seu significado[177].

O sentido do pensamento pode ser denominado *sentido do conceito*. Ele permite que um ser humano entenda o pensamento do outro, percebendo o que está por trás do pensamento. Compreender deriva do latim "apreender com as mãos – *comprehendere*"[178], tatear o pensamento contido em um texto, em um sentido metafórico. Diz-se popularmente que uma pessoa *lê o pensamento* da outra, quando ambas têm ideias semelhantes

---

[174] BURKHARD, 1998, p. 212-213.
[175] Ibidem, p. 213.
[176] BÍBLIA SAGRADA. **Evangelho segundo João**. Cap. I, vers.1. São Paulo: Editora Ave Maria, 1962. p. 1405.
[177] BURKHARD, 1998, p. 213-214.
[178] Ibidem, p.214.

simultaneamente, ou que *a ideia está no ar*. Por meio da atividade pensante, o indivíduo adquire a possibilidade de acompanhar o fio do pensamento do outro. Deve-se calar a própria atividade, no entanto, para poder sentir a do próximo. Ao desenvolver esse sentido, adquire-se também uma sensibilidade para o conteúdo moral do pensar. A sociabilidade e a união entre os seres humanos em uma comunidade dependem da capacidade de seus membros de captarem reciprocamente seus pensamentos.

O sentido do eu permite que o indivíduo perceba o eu do outro ser humano. Não se trata de ver seu substrato corpóreo, mas, sim, captar sua essência espiritual. O verdadeiro eu do outro é difícil de ser apreendido. Essa experiência ocorre em momentos raros e inesquecíveis por meio dos quais é possível realmente encontrar com outro ser e identificar-se totalmente com aquilo que ele quer comunicar, sem com isso perder a própria essência, que deve ser percebida por ele também. Isso exige autoconhecimento e desenvolvimento do próprio eu. Só por meio da educação de todos os sentidos é possível alcançar essa habilidade[179]. Na Pedagogia Waldorf, o cuidado com as condições físicas, anímicas e espirituais durante o processo de ensino e aprendizagem procura atualizar esses ideais a serem alcançados para o desenvolvimento harmonioso de corpo, alma e espírito.

Segundo a visão antroposófica, a sociedade divide-se em três âmbitos: social, econômico e cultural-espiritual. Para Steiner[180], essa trimembração relaciona-se de uma maneira especial com o lema da Revolução Francesa: *Liberdade, Igualdade e Fraternidade*. A liberdade é exercida no âmbito cultural e espiritual. A igualdade estabelece-se no âmbito social, por meio do exercício dos direitos jurídicos e políticos do cidadão. A fraternidade opera perfeitamente quando aplicada no âmbito econômico.

---

[179] BURKHARD, 1998, p. 216-217.
[180] STEINER, Rudolf. **Ciência Espiritual e Questão Social**. S. Paulo: Antroposófica, 1983.

A escola, enquanto espaço destinado à educação de crianças e jovens, apresenta-se como uma instituição que busca, por meio dessa cosmovisão, prepará-los para a vida. A Pedagogia Waldorf reúne os princípios práticos que norteiam a ação docente nesse paradigma. Nela esses princípios básicos da Antroposofia são aplicados ao desenvolvimento infantil. Infância, puberdade e adolescência englobam um período total de 21 anos, ao final dos quais o ser humano é considerado um adulto perante a lei e a sociedade. Nessa pedagogia, esses 21 anos são considerados em três períodos de sete anos, chamados por Steiner de septênios.

O primeiro septênio corresponde à infância e nele se desenvolve o corpo físico, fortalecido pela formação do corpo etérico. A força vital durante esses sete anos fortalece também o querer e a criança conhece o mundo à sua volta, utilizando a capacidade de imitação que é aproveitada pelo educador em sua prática. A criança vive a alegria e o prazer da imitação, reproduzindo dessa maneira tudo o que vivencia. Para ela é assim que se expressa a bondade do mundo, quando ela vive em condições ideais.

O segundo septênio, dos sete aos 14 anos, é o período em que se fortalece o corpo astral e o sentir que ele veicula. Esse fortalecimento ocorre com a contribuição da prática docente que utiliza a imagem e a fantasia para trabalhar os conteúdos escolares. O trabalho artístico permeia toda ação docente e discente na Pedagogia Waldorf. Especificamente, porém, nesse septênio, sua importância intensifica-se e isso interessa particularmente a esta pesquisa. Além disso, é o domínio do conteúdo ministrado por meio de um fazer artístico que confere ao professor sua autoridade em sala de aula. Seu trabalho com a imagem e a fantasia permite que ele conduza o desenvolvimento cognitivo infantil por meio desses elementos em vez de caminhar pela aridez dos conceitos.

O belo se estabelece neste cultivo da imagem e da fantasia e por meio dele o sentimento se desenvolve. A autoridade do professor que se expressa orquestrando as atividades como aquele que sabe é venerada pela criança que precisa dessa referência. O jovem deve perceber a segurança do professor ao transmitir os conteúdos. A atitude e o preparo do adulto que encarna o papel docente são fundamentais para que se estabeleça a confiança. Assim se faz a mediação com o belo e posteriormente com o sagrado. Essa questão é particularmente relevante para o que se quer entender por meio desta pesquisa.

O papel da Arte como mediação para o sagrado era claro para Steiner[181], pois ele considerava o conhecimento na perspectiva dos saberes antigos e tradicionais da humanidade, que a Antroposofia busca ressignificar, conforme foi dito no início deste capítulo. A influência de Schiller também reforça essa visão. Para isso, esse autor fez da expressão artística o conteúdo principal da Pedagogia Waldorf. Isso significa que, de acordo com essa visão, o aluno é preparado para ser um artista. Não um artista no sentido de estar em um palco ou em um ateliê criando sua arte, mas no sentido de encarar seu papel no mundo com os olhos de um artista, buscando a bondade, a beleza e a verdade com esse olhar. Essa é a maneira que Steiner acredita ser ideal para se preparar o ser humano de forma a equilibrar corpo, alma e espírito.

Resta falar um pouco do terceiro septênio, antes de prosseguir falando sobre a relevância da Arte nessa prática pedagógica. Dos 14 aos 21 anos de idade, o jovem caminha para a aquisição de sua maioridade, quando, de acordo com a Antroposofia, seu Eu estará pronto para assumir sua individualidade, podendo tomar o rumo de sua vida em suas próprias mãos. Se o caminho da Pedagogia Waldorf conduziu sua formação desenvolvendo o querer e em seguida o sentir, ele estará agora desenvolvendo o

---
[181] STEINER, 1928.

pensar conceitual que lhe permitirá a assunção literal do processo de sua vida. A capacidade de julgamento também vai se intensificando durante esse período. Segundo Steiner, se a fantasia e a imaginação foram bem estimuladas e trabalhadas, esse julgamento se apoiará nessas forças, evitando-se, assim, o pessimismo e o ceticismo e proporcionando interesse espontâneo pelos problemas julgados. A vivacidade e o entusiasmo do professor na exposição dos conteúdos contribuem para que essa atitude se estabeleça. Esse entusiasmo real do professor inspira ao jovem uma confiança naquilo que lhe foi ensinado. Além disso, esse entusiasmo também se expressa na atuação pessoal, de acordo com aquilo que é ensinado. É a atitude verdadeira e coerente do adulto em relação ao que ele ensina e ao que ele faz sendo exposta ao julgamento do jovem.

Steiner adverte muitas vezes sobre a necessidade de autoeducação e de domínio do conteúdo ensinado. A habilidade e o conhecimento do professor são o embasamento real sobre o qual ele se apoia para transmitir a verdade a seus alunos. O jovem interessado pela verdade do mundo adquire forças para atuar socialmente. Steiner insiste na atitude ética que o professor deve sustentar, por meio de uma constante atenção para com suas atitudes pessoais. A aplicação de todo esse ensinamento é o método adequado ao terceiro septênio, quando o corpo astral do jovem está sendo plasmado e desenvolvido, para que posteriormente ocorra o nascimento do "eu". Para Glöckler[182], "é através do desenvolvimento da capacidade de julgar que se educa o corpo astral". A educação do juízo, por meio do caminho proposto por Steiner, é a educação do terceiro septênio.

---

[182] GLÖCKLER, Georg. **O Terceiro Setênio**. (Anotações feitas nas aulas do Seminário Pedagógico II, de 16/06 a 03/07/1987). Georg Glöckler é educador da linha Waldorf, de origem alemã, que esteve no Brasil para ministrar um curso específico sobre o terceiro septênio, de 06/06 a 03/07/1987 no Seminário Pedagógico II, na Escola Rudolf Steiner de S. Paulo. Desse curso foi elaborada uma apostila, utilizada nesta pesquisa.

O jovem durante o terceiro septênio está ligado ao futuro, procurando ideais para prosseguir em busca do que lhe desperta interesse no mundo exterior. Nem sempre ele expressa verbalmente quais são esses ideais. Na maior parte das vezes, Glöckler afirma que o jovem não revela nada a respeito do que anseia. A sensibilidade do professor procura, apesar disso, entender quais são esses ideais. Suas atitudes são mais importantes do que seu discurso, não sendo, portanto, necessário falar dos ideais, mas agir segundo eles. O entusiasmo é, então, uma atitude interna. Externamente a postura docente é de sobriedade.

Esses objetivos são atingidos[183] por meio da educação da vontade. Ela acontece quando não existe a obrigação de se fazer algo, quando é feito por dedicação. Uma pessoa que cultiva a fantasia tem mais facilidade para educar sua vontade, podendo fazer da obrigação um prazer. Qualquer pequena ação que possa ser feita conscientemente ajuda na educação dessa vontade, por exemplo, o recitar de um verso matinal. Pela visão da Antroposofia, ao agir conscientemente na terra, o ser humano atua também sobre as suas ligações com o mundo espiritual.

A consciência humana[184] atua no ponto de encontro entre o fluxo do futuro e o fluxo do passado. De acordo com a metodologia Waldorf, no segundo septênio, quando o corpo etérico está sendo constituído na criança e se plasma com o auxílio pedagógico da fantasia, por meio de contos, mitologias, lendas, biografias etc. Ou seja, por meio do fluxo do passado. No terceiro septênio, quando se está atuando sobre a formação do corpo astral, são os ideais para o futuro que contribuem para que isso aconteça.

A Antroposofia está assim apresentando soluções, por meio da Pedagogia Waldorf, aos problemas que ocorrem na juventude. Como esses problemas não surgem simplesmente no terceiro

---

[183] GLÖCKER, 1987.
[184] Ibidem.

septênio, mas por uma transição gradual do status de criança para o de adulto, de um estado de heteronomia para um estado de autonomia, um cuidadoso trabalho desenvolve-se para que isso ocorra de maneira harmoniosa. A obtenção dessa harmonia, considerando-se a atitude pessoal do professor, está fundamentada em uma visão prática e no desenvolvimento das habilidades docentes que fazem parte de sua formação permeada pela atividade artística.

Na visão steineriana, a gênese da vida anímica humana ocorre pela interação de forças antagônicas que ele denomina antipatia e simpatia. A maior quantidade de uma ou de outra determina a aquisição da memória ou da fantasia, que são opostas. A representação das imagens formadas na memória concentra maior quantidade de forças de antipatia. No exercício da fantasia, uma quantidade maior de simpatia é necessária. A vontade é fruto da intensidade das forças de simpatia. Por isso Steiner[185] insiste em uma educação da vontade obtida por meio da arte. A unilateralidade da educação pelos recursos da memorização não permite uma posterior atuação social, uma vez que se cria o hábito de atuar unicamente no âmbito das forças de antipatia. O objeto estudado, envolvido nessas forças de antipatia por força de sua *objetivação*, acaba por não sofrer nenhuma identificação com o sujeito que o estuda, dificultando a compreensão. Por outro lado, um excesso de simpatia pode impedir o distanciamento do observador. Um equilíbrio das forças antagônicas torna-se, então, perfeitamente compreensível para que se obtenha uma cognição ampliada desse objeto. Essa é uma atitude embasada na contemplação goethiana do objeto.

De acordo com conceitos steinerianos concernentes à atuação social e à vida anímica humana, movido pelas forças da antipatia, o homem torna-se antissocial, postura só justificável,

---

[185] STEINER, Rudolf. **A Arte da Educação – I**. 2. ed. S. Paulo: Antroposófica, 1995.

de acordo com a cosmovisão antroposófica, caso haja risco de sobrevivência do indivíduo. Ou ele se torna associal, o que, em determinados momentos, como no da produção intelectual, ou na meditação, é benéfico devido à necessidade de concentração. Para que o ser humano tenha a postura adequada para agir conforme as necessidades sociais, a educação buscará não considerar apenas um de seus aspectos, seja ele a memória ou a fantasia. O uso da arte na educação como possibilidade de ampliação cognitiva lança as bases necessárias para essa atuação social, agindo como fator equilibrante dessas forças antagônicas oriundas dos mundos espirituais. Seu movimento dinâmico determina a transição do ser humano para o mundo físico, bem como seu retorno ao âmbito espiritual. Na visão cognitiva ampliada antroposófica, antipatia e simpatia regem a dinâmica de nascimento, vida e morte. Em outras palavras, a dinâmica da natureza

Para Steiner[186], os conceitos de antipatia e simpatia estão relacionados, respectivamente, com razão conceitual e sensibilidade, imagem e intuição. O autor indica a importância da Pedagogia Waldorf para o equilíbrio dessas forças no desenvolvimento cognitivo, apontando para detalhes práticos cotidianos que o favoreçam. Na visão steineriana, existe uma relação entre conhecimento, antipatia, memória, conceito e nervo. Ao mesmo tempo, querer, simpatia, fantasia, imaginação e sangue também estão relacionados entre si. Memória e fantasia são polaridades equilibradas pela imagem, que atua como um terceiro fator, equilibrante.

Consequentemente, por meio da educação infantojuvenil e da autoeducação do adulto, pode-se ter uma melhor condução e resolução dos problemas fundamentais da vida social e cultural, bem como das questões pessoais e espirituais. Na visão antroposófica, acredita-se que a arte é o caminho e a expressão do homem

---

[186] STEINER, 1928.

pelo Cosmo e no Cosmo, e a Pedagogia Waldorf é, então, metodologicamente apoiada na atuação artística do professor e de seus alunos. A intenção de Steiner[187] foi criar uma instituição educacional "erigida em bases sociais, buscando encontrar o espírito integral e o método de sua atuação docente na Antroposofia". Os princípios antroposóficos possibilitam o desenvolvimento de impulsos morais e espirituais que permeiam os métodos educacionais, as almas dos professores e dos alunos, pelo seu caráter humano e universal[188].

2.3 A ruptura entre conhecimento, arte, religião e moralidade e sua religação na Pedagogia Waldorf

Aprofundando a discussão sobre o que seria a ruptura entre conhecimento – que para Steiner é sinônimo de ciência –, arte, religião e moralidade, pode-se afirmar que esses elementos se desenvolveram como ramos separados da cultura, mas inicialmente possuíam uma origem comum. Considerando o período antigo da evolução humana, quando o intelecto ainda não havia se desenvolvido, os enigmas da existência do homem eram respondidos por uma espécie de consciência imagética. "Imagens poderosas surgiam diante da alma – imagens as quais as formas tradicionais do mito e da saga trouxeram ao homem moderno"[189]. Elas procediam de um conhecimento e de uma experiência real do conteúdo espiritual do universo, por meio do qual o homem, "com sua vida interior de visão imaginativa, podia perceber os fundamentos do mundo dos sentidos"[190]. Esse conhecimento parece ser o mesmo proporcionado pelos arquétipos, ou imagens

---
[187] STEINER, 1928.
[188] Idem.
[189] STEINER, 1928, p. 33.
[190] Ibidem.

arquetípicas na teoria junguiana. O homem assimilava do universo o conhecimento que tornava substancial, na matéria terrestre, desenvolvendo a arquitetura, a escultura, a pintura, a música e as outras artes. Ele incorporava o fruto de seu conhecimento nas formas dadas à matéria física, como se as faculdades humanas copiassem a criação divina, dando forma visível àquilo que fluía em seu interior como ciência e conhecimento[191].

Steiner, encontrando em Goethe o eco profundo de sua maneira de vivenciar o mundo, questionou a própria ciência, que na sua época se desenvolvia apenas pela vertente clássica, tendo no mecanicismo e no naturalismo suas maiores formas de expressão. Em Goethe, Steiner descobriu que era possível enxergar o mundo de outra maneira, sem desvitalizá-lo como faz a ciência ainda em nossa época. Ainda assim, no entanto, seria possível, no seu entendimento, construir um arcabouço científico. Ao traduzir para o mundo o pensamento científico de Goethe, ele elaborou uma teoria que desvendou a cosmovisão do poeta. E foi paralelamente a esse esforço intelectual que ele se viu capaz de formular sua própria teoria, que surgiu nos livros *Verdade e Ciência*[192] (este sendo sua própria tese de doutoramento) e *A Filosofia da Liberdade*[193].

Como aplicação prática dessa teoria cognitiva, surge o ensino por meio do qual a arte refaz seu vínculo com o conhecimento, reatando no interior da alma humana o que fora rompido pelo desenvolvimento unilateral do intelecto. Steiner afirma que se aproximar da visão de homem por meio das leis da natureza é entrar no terreno da arte. Ele considera o homem como "*a criação artística da natureza*"[194].

---
[191] STEINER, 1928, p. 33.
[192] STEINER, Rudolf. **Verdade e Ciência**. São Paulo: Antroposófica, 1985.
[193] Idem. **A Filosofia da Liberdade**. 2. ed. São Paulo: Antroposófica, 1988.
[194] STEINER, 1928.

Para conhecer a natureza humana, Steiner[195] propõe que a observação científica incorpore em seu cerne a observação de cunho artístico. Ele chama essa fusão de conhecimento imaginativo, desenvolvendo-a em seu livro *Como obter o conhecimento dos mundos superiores*[196]. Ele considera fundamental que se combata a tendência de observar apenas os eventos exteriores, permitindo que os pensamentos sucedam passivamente, evitando toda consciência de uma atividade interior no ser humano. A prova da existência dos assuntos espirituais só é obtida por meio do conhecimento espiritual que se adquire com o exercício que desenvolve as faculdades anímicas das quais o homem é portador em potencial.

A Pedagogia Waldorf, com seu enfoque artístico, foi criada por ele como caminho para desenvolver essas faculdades. Por meio do uso da imaginação, da estimulação da fantasia, a criança desenvolve seu potencial criativo e as faculdades anímicas que lhe possibilitam enxergar o mundo de maneira artística. Mas o que é *enxergar o mundo de maneira artística?* Na cosmovisão steineriana, isso significa enxergar a essência, por uma observação profunda que conduz à cognição do essencial e ao abandono do acessório ou à separação dos fatos e dos fenômenos que o envolvem. Ao captar a essência, cria-se uma forma de conhecimento similar ao *estilo* proposto por Goethe na sua gradação de estágios do desenvolvimento do senso estético.

Na prática, ao ouvir um conto de fadas, narrado artisticamente pelo professor Waldorf, a criança forma ativamente imagens em sua alma. Essas imagens surgirão no momento em que ela for solicitada a desenhar aquilo que lhe foi transmitido

---

[195] STEINER, 1928.
[196] STEINER, Rudolf. **A Iniciação** – como adquirir o conhecimento dos mundos superiores. São Paulo: Antroposófica, 1984. Esse conhecimento, guardadas as devidas proporções, pode ser comparado à proposta de terapia pela imaginação ativa praticada pelos analistas junguianos. [Nota da autora]

pelas palavras. O exercício constante dessa e de outras atividades fortalecem suas potencialidades de criação, pelo fato de que nessas ações reside a maneira diferenciada de enxergar o mundo. O intelecto infantil não será, por esse método, solicitado a trabalhar antes que as forças da fantasia e da imaginação sejam postas em ação. Por esse caminho, é possível que o intelecto, ao ser solicitado, posteriormente, seja capaz de unir o conhecimento e a arte, por meio de uma observação artisticamente desenvolvida para a elaboração de conceitos[197].

Essa força plástica que transforma o pensamento em imagens é o início do processo meditativo[198]. A partir dele, a inteligência conduz à arte e o pensamento eleva-se à imaginação. Essa imaginação não é só criação da mente humana, mas um mundo objetivo, do qual se tem um quadro verdadeiro por meio desse processo. Um esforço de concentração no sentido de transformar essas forças plasmadoras em um estado meditativo pode transmutar a imaginação ao nível de inspiração. A consciência moral se forma, nesse nível, demonstrando a importância de um desenvolvimento artístico e imaginativo. A religiosidade surgirá como a etapa seguinte no caminho do conhecimento para a arte. Esse processo é semelhante à imaginação ativa proposta por Jung[199] como caminho para a individuação e a metodologia terapêutica.

Segundo Steiner[200], a alma acostumada a receber inspiração divina, no exercício da atividade artística, pode aprender a usar essa mesma inspiração para atuar moralmente e religiosamente. A compenetração e a concentração usadas na atividade artística são do mesmo teor daquela usada em um ofício religioso, em uma revalorização do sagrado, conforme a visão steineriana.

---

[197] STEINER, 1928.
[198] Ibidem.
[199] JUNG, Obras Completas, *passim*.
[200] STEINER, 1928.

Um depoimento da pintora e professora Beate Hodapp[201], do Centro de Artes de São Paulo, afirma que o processo artístico requer coragem e confiança para trilhar um caminho em que não existem seguranças. Para ela, o artista está condicionado a seguir leis espirituais pré-determinadas pela natureza de seu trabalho. Por outro lado, ele se liga animicamente ao material utilizado, que se lhe revela pela percepção sensorial. Pelo fato de se estar acostumado a pensar por meio de representações, ambos os procedimentos apresentam uma ruptura. Isso requer a confiança no processo artístico que significa a responsabilidade própria absoluta de fazer tudo o que está ao alcance para que se crie um estado no qual o essencial possa se revelar. Segundo a professora, trata-se de algo que quer se manifestar por meio da individualidade do artista. A confiança é, então, pura atividade e não fé cega ou comodismo para se livrar da responsabilidade. Cada pincelada é um risco, pois nem sempre se acerta na cor... Segundo ela, isso ocorre raramente.

Esse processo causa dúvida e crise, e a confiança pode desaparecer. A resignação diante disso deve ser combatida, então, pois é por meio desse combate que se atinge a libertação de antigos desejos e representações. A cautela, inimiga da arte, deve ser abandonada para conseguir o resultado buscado. O caminho a ser trilhado pelo ser humano também requer confiança para seguir adiante. A dúvida frequentemente causa paralisação e medo. Nesse sentido, as afirmações dessa professora de Artes aprofundam o sentido de iniciação apontado pelas atividades artísticas na formação humana. Diante do que foi visto até aqui, parece possível concluir, pelo menos provisoriamente, que a arte é pedra fundamental na construção de um caminho a ser trilhado passo a passo, que conduz ao equilíbrio do conhecimento racional e do conhecimento sensível.

---

[201] HODAPP, Beate. A confiança na arte. **Revista Chão & Gente**. Botucatu, SP, n. 15, p. 6-7, nov. 1995.

Na educação, a arte, por meio dos caminhos descritos neste capítulo, aponta para um imaginário enriquecido por contos, lendas, mitos e biografias. Esse material apresentado por meio das *múltiplas formas narrativas*[202] é trabalhado não só nesses formatos, mas ampliado pelas diversas atividades artísticas que se apoiam nas narrativas: pintura, desenho, trabalhos manuais, eurritmia, arte da fala, música, escultura, dança, teatro. Além disso, cada escola pode introduzir a arte nas formas que estiverem representadas as culturas locais em que estejam inseridas. Uma descrição dessas possíveis atividades será feita a seguir.

2.4 A Aula Principal – vivências artísticas fundamentais

A atividade artística permeia o cotidiano desde a educação infantil até o ensino médio e continua nos cursos voltados para a formação de adultos na Antroposofia. Com as crianças, o trabalho com as cores começa desde a educação infantil, com as primeiras aquarelas e desenho com giz de cera de abelhas. As folhas de papel são preenchidas com as cores, mas nada disso é uma atividade sem fundamento. Sempre a narrativa com contos e as canções preenchem a imaginação e a fantasia.

No ensino fundamental, que constitui o universo dessa pesquisa, o desenho de formas adquire uma importância para que as crianças venham a conhecer os elementos formais das retas e curvas. Estes, por sua vez, surgirão novamente nas letras impressas, em uma época de caligrafia. Por meio do desenho de formas, procura-se despertar o interesse da criança para a qualidade que estas possuem, para a linguagem da própria forma em si mesma. Por meio do conhecimento das formas originais, são

---

[202] PASSERINI, Sueli Pecci. **O fio de Ariadne** – Múltiplas Formas Narrativas e Desenvolvimento Infantil segundo a abordagem Antroposófica de Rudolf Steiner. 234f. 1996. Dissertação (Mestrado em psicologia), Psicologia/USP, São Paulo, 1996.

fundamentados os elementos necessários para que a criança se expresse com criatividade e originalidade.

Os exercícios práticos introduzem pela imagem a consciência das várias direções no espaço por meio das linhas verticais, horizontais e oblíquas. Em seguida são apresentados os ângulos, os triângulos e as formas estreladas, o círculo, o semicírculo, a espiral e a elipse. Na metodologia utilizada pelo professor Waldorf, o desenho de formas constitui um preparo indispensável para o processo de alfabetização. Mas ele abrange também a mobilidade e a flexibilidade do pensar, tornando-o criativo e imaginativo. Estas são aquisições importantes que podem ser obtidas por meio dessa prática.

Figura 1[203]

O desenho de formas evolui em simetrias verticais e horizontais e posteriormente nos movimentos assimétricos. As assimetrias são traçadas a partir de linhas que vão do centro para três direções, conduzindo a criança a encontrar formas complementares que levam o movimento das linhas novamente para o centro, restabelecendo o equilíbrio e a harmonia.

---

[203] As três primeiras fotos são de meu acervo pessoal.

Figura 2

Além do desenho de formas, o desenho livre utilizando a folha inteira, sem contornos, com o emprego de lápis de cera de abelhas coloridos. As imagens são criadas livremente pelas crianças e ilustram os cadernos dos primeiros anos.

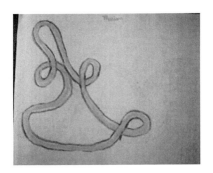

Figura 3

A pintura ocupa um lugar definido no horário semanal desde o primeiro até o oitavo ano. Inicialmente, do primeiro ao terceiro ano a vivência do mundo das cores é fundamental. Os exercícios são conduzidos para que a criança sinta o elemento qualitativo das diversas cores, percebendo que cada uma delas fala uma língua específica e transmite algo especial e próprio. As cores da aquarela são colocadas em estado líquido em pequenos vasos. As cores básicas – amarelo, vermelho e azul – são as primeiras a serem vivenciadas, em diversas concentrações. Todas as cores primárias e suas misturas surgem nas grandes folhas em branco. O tamanho das superfícies permite que a criança receba um impacto maior do efeito da cor, deixando de pensar na forma, e isso a satisfaz interiormente. O aprendizado conduz às combinações das cores belas em contraste com as menos belas. A dignidade do vermelho, a suavidade do azul e a alegria do amarelo fortalecendo sua vida anímica, que se abre com a riqueza que fala por intermédio das cores[204].

Figura 4[205]

Conforme a dinâmica das cores vai se intensificando e sua variedade aumenta, contos e histórias relacionados com as cores trazem as imagens que auxiliam nessa dinamização. A criança aprende que o amarelo irradia, permitindo formas diferentes, enquanto o azul se contrai ao ficar mais escuro, conduzindo à tranquilidade e ao recolhimento. Não são feitas representações

---
[204] GOETHE, 1993.
[205] GUERRA, Melanie Mangels et al. **A Pedagogia Waldorf:** 50 anos no Brasil. São Paulo: Escola Waldorf Rudolf Steiner, 2006. p. 75. Fotos de Ricardo Teles, Acervo da Escola Rudolf Steiner.

de objetos buscando apenas a qualidade das cores. A familiaridade do professor com a *Doutrina das Cores*[206] de Goethe fornece a base para elaboração dos exercícios com contos e histórias para enriquecer essas vivências.

A entrevista feita com a Profª Riva Liberman[207], que ministra aulas de aquarela no ensino fundamental – primeiro ao oitavo anos da Escola Waldorf – ilustra a vivência dessas atividades e está incorporada à análise das aquarelas coletadas no trabalho de campo.

A atividade de modelagem inicia-se ainda na educação infantil, quando os pequenos brincam com a massinha feita de cera de abelhas. A preocupação não é apenas com o desenvolvimento motor proporcionado pela movimentação dos dedos ou com a criação de formas, mas, sim, com o contato com um material de origem natural que oferece uma resistência inicial, mas que, com o calor da mão, pode deixar-se moldar. Esse trabalho continua durante o ensino fundamental, quando outros materiais, como argila de diversos tipos, pode ser oferecida às crianças para ser modelada. Há possibilidades variadas de utilizar os conteúdos das aulas de cálculo, de introdução às letras, as fábulas sobre animais, a época que antecede o Natal.

A modelagem pode ser aplicada com fins terapêuticos, uma vez que a manipulação de um material resistente que exige um esforço plasmador maior permite superar eventuais obstáculos anímicos. Também se aproveitará para confeccionar objetos que possam ter beleza e utilidade. O progresso nessa atividade apresenta belíssimas peças de escultura produzidas por alunos das classes mais adiantadas (do nono ao décimo segundo ano).

---

[206] GUERRA, 2006.
[207] A professora Riva Liberman concedeu uma longa entrevista explicando todo o processo de trabalho com aquarelas ao longo do ensino fundamental de oito anos na escola Waldorf. Sua gentil contribuição foi importante para completar a visão proporcionada pelos autores que forneceram o referencial teórico analisado neste livro.

Figura 5[208]

A arte da fala consiste no aprimoramento dela por meio de exercícios como trava-línguas e recitação de poesias com a entonação adequada e dicção perfeita. Ela acontece naturalmente por meio dessas atividades. O verso matinal ao início da aula principal, o recitar do verso individual de cada criança e até gincanas de trava-línguas podem ser utilizados sistematicamente para esse aprimoramento. O entusiasmo, a alegria, o ritmo, a dramaticidade e outras habilidades podem ser trabalhadas. Além disso, a sensibilidade em relação à fala desenvolve-se também ao ouvir as narrativas utilizadas em cada ano escolar e que fazem parte das atividades cotidianas. Os versos também são trabalhados em outros idiomas, tanto nas aulas de língua estrangeira, como nas atividades de cultivo da fala.

---

[208] GUERRA, 2006, p. 28-29.

Figura 6[209]

A escrita é apresentada antes da leitura. A criança repete o desenvolvimento da escrita como a humanidade o fez ao longo da história. Partindo de imagens transmitidas por meio de narrativas, de maneira artística, surgem as letras que depois se transformam em letras latinas de imprensa, utilizadas na forma maiúscula. O "P" pode surgir do desenho de um peixe, o "V" das vagas, ondas do mar, "T" vem da torre e o "B" transforma-se a partir das asas da borboleta.

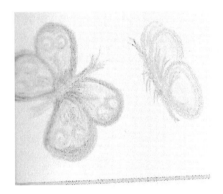

Figura 7[210]

---

[209] GUERRA, 2006, p. 17.
[210] BERTALOT, Leonore. **Criança Querida** – Alfabetização. São Paulo: Associação Comunitária Monte Azul/UNESCO, 1993, p. 75.

Figura 8[211]

Pequenos versos podem acompanhar esta transformação, levando para a criança a essência do som, usando a imagem, a fala e a escrita. A eurritmia é uma arte que pode auxiliar nesse processo. Caminhar sobre as letras desenhadas em tamanho grande no chão do pátio da escola.

Figura 9[212]

---

[211] BERTALOT, 1993, p. 75.
[212] Ibidem, p. 61.

De acordo com a Pedagogia Waldorf, as consoantes possuem um caráter pictórico, isto é, podem ser representadas a partir da imagem. As vogais, por sua vez, exprimem algo que pertence à vida anímica interior, como o estar maravilhado no "O", a veneração por meio de "A", podendo ser caracterizadas por gestos e cores. A polaridade que se estabelece entre vogal e consoante transmite experiências fundamentais, que podem ser vivenciadas de muitas maneiras durante o processo de alfabetização. A escrita ideal nessa pedagogia é aquela em que a criança forme as palavras com toda a dedicação de seu querer e do seu senso estético. Inicialmente elas utilizam o giz de cera e as cores. No segundo ano, passam a usar lápis grossos de madeira, mas ainda de cor. O professor escreve na lousa com a mais bela escrita possível aquilo que as crianças passam em seus cadernos em letras igualmente belas.

No terceiro ano, usam-se tinta e penas de ganso autênticas, sempre que seja possível obtê-las. Posteriormente se passa para o uso da caneta tinteiro. A escrita cursiva pode ter sido iniciada no final do segundo ano ou no início do terceiro. A ideia fundamental de Steiner é de que se evite que a escrita domine o homem, ou seja, que ele a utilize mecanicamente. Ao escrever com a mesma atenção com que se faz um exercício de pintura ou desenho, exerce-se a liberdade individual.

A leitura vem do desejo que cada criança tem por saber o que está escrevendo, surgindo como um processo natural. As primeiras leituras são feitas em coro e o professor pacientemente deve aguardar até o momento em que a leitura como uma atividade mais intelectual e abstrata surgirá em cada uma das crianças. A leitura permite uma vivência importante: a de que a palavra impressa, escrita, nasce da fala e volta a ter vida por meio da leitura.

Eurritmia é uma palavra de origem grega que etimologicamente quer dizer ritmo belo, harmônico. É a fala tornada visível na qual os elementos emitidos pela laringe são traduzidos em movimentos. São como a tradução espontânea das vibrações emitidas pela laringe. A eurritmia, como outras artes na escola Waldorf, realiza-se a partir do ambiente proporcionado pelos contos de fada e de outras narrativas de acordo com a faixa etária a que se destina, acompanhando o currículo central dado pelo professor de classe. O movimento do grupo orienta-se pelo círculo como forma eurrítmica, sem andar para trás, andando ora por retas, ora por curvas, espirais ou lemniscatas. Os movimentos dos braços traçam imagens que acompanham os textos apresentados. O instrumento dessa arte é o próprio corpo humano, que é "afinado" no trabalho expressado pelos movimentos que traduzem as narrativas. São aperfeiçoadas, assim, as relações com as dimensões do espaço.

Figura 10[213]

Os exercícios permitem a aquisição de agilidade, graça, expressão e versatilidade. A complexidade das tarefas apoia-se

---

[213] GUERRA, 2006, p. 71.

nas habilidades pertinentes a cada faixa etária, fazendo de cada exercício uma conquista, aprofundando a consciência do espaço por meio de uma coreografia baseada nas leis da geometria. Inicialmente o aluno faz tudo por imitação, de forma sonhadora. Gradativamente, porém, a própria eurritmia exige que ele permeie seu corpo com agilidade e lucidez, com presença de espírito ou, como diz a Profª Marília Nogueira, da escola Waldorf Rudolf Steiner de São Paulo: *com a presença do espírito*, na medida em que esta arte permite uma consciência e domínio do movimento pelo exercício da vontade e da criatividade, ou *expressão criativa de sua individualidade*[214].

Os trabalhos manuais e as artes aplicadas proporcionam vivências plásticas que os homens tinham antes que as revoluções industriais tornassem tudo mecanizado e industrializado. Steiner[215] acredita que houve a ruptura do vínculo existente entre o homem e o fruto de seu trabalho, que só poderia ser reatado por meio do exercício dessas atividades. A identificação com a própria produção atua no sentimento de valor e dignidade do ser humano, pelo exercício da vontade na própria ação. As obras que necessitam de esforço consciente, contínuo e repetitivo de muitos movimentos para serem executadas são excelente treino da vontade.

---

[214] **Edição Comemorativa 30 anos E. W. Rudolf Steiner**. São Paulo: Associação Pedagógica Rudolf Steiner, 1986c.
[215] STEINER, Rudolf. **O Futuro Social**. S. Paulo: Antroposófica, 1986b.

Figura 11[216]

Em aulas de trabalhos manuais são estimuladas a concentração, a agilidade das mãos e dos dedos, sendo um processo que vivifica a capacidade de pensar da criança. Iniciando com o tricô de duas agulhas no primeiro ano quando são produzidos pequenos objetos úteis como bolsinhas, pegadores de panela, saquinho de flauta, que podem ser utilizados no dia a dia. Exercícios de forma e cor com outros materiais como giz de cera, lã crua colorida, papel de seda e outros papéis coloridos, tecidos e fios de cores variadas complementam as atividades da aula nessa idade. No segundo ano, é introduzido o crochê, primeiramente executado com os dedinhos apenas e, posteriormente, com a agulha. Os exercícios de forma e cor continuam. No terceiro ano, são produzidos, em tricô e crochê, peças de vestuário, como gorros e cachecóis de cores vivas, bolas, animais e bonecos.

---

[216] Acervo pessoal da autora.

Figura 12[217]

No quarto ano, as crianças aprendem a costurar e bordar manuseando conscientemente tesouras, agulhas, alfinetes e dedal. O objeto confeccionado é uma bolsa bordada em ponto cruz, particularmente indicado para essa faixa etária, pois sua repetição constante exige domínio da força de vontade e desenvolve a capacidade de concentração. No quinto ano, volta o tricô, agora executado com cinco agulhas e o vestuário é agora acrescentado de meias e luvas. O objetivo é a confecção de duas peças idênticas e outra vez a persistência é exercitada, como o capricho. Exercícios artísticos acompanham essas atividades, ajudando a esboçar o produto que será confeccionado.

No sexto ano, são confeccionados animais e bonecos em tecido, aprofundando a costura, que agora adquire uma perspectiva tridimensional, cuja vivência também ocorre na geometria e na teoria das sombras, com o desenho. A execução da boneca é feita com a observação cuidadosa das proporções do ser humano e de um senso artístico na escolha das cores do corpo, dos olhos, cabelos e vestuário, para que a boneca tenha uma expressão

---

[217] Acervo pessoal da autora.

bonita e cheia de vida. No sétimo ano, a produção do vestuário prossegue com a produção de sapatos, em couro ou tecido, costurados a mão. Observando os próprios pés, os alunos usam suas medidas para dar ao sapato a forma adequada. Outras peças de vestuário podem complementar a produção desse ano letivo.

Figura 13[218]

No oitavo ano, a costura continua sendo aprofundada, com o aprendizado de corte e conserto de roupas, remendos, passar a ferro. Uma visão abrangente dos materiais e do uso adequado de cada um é trabalhada pelo professor. Os produtos podem ser bolsas, sacolas almofadas, coletes, camisas, blusas, lençóis etc. Durante esse ano, esse trabalho também pode ser somado à produção das roupas que serão utilizadas na apresentação da peça de teatro que será produzida pela classe.

---

[218] Acervo pessoal da autora.

Figura 14[219]

A vivência com o artesanato ou as artes aplicadas inicia-se no quinto ano com uma aula dupla semanal em que as crianças aprendem a trabalhar com madeira e argila. A madeira é trabalhada a partir de galhos roliços que se transformam com a ajuda de canivetes e pequenas facas de talhar, em animais, setas, rodinhas de vento, faquinhas de manteiga. No sexto ano, começam a atividade na bancada, partindo, serrando, cortando madeira e usando as mais diversas ferramentas. Inúmeros objetos úteis são produzidos, tais como tabuinhas para picar legumes, apoios para panelas, medidores para farinha e açúcar, talheres de salada e colheres de pau. A busca de uma forma bonita e apropriada à madeira crua e o trabalho com as necessárias cavidades dos objetos exige persistência.

---

[219] Acervo pessoal da autora.

Figura 15[220]

No sétimo ano, objetos ocos, recipientes com espaços interiores, relacionados com os espaços anímicos é o foco da produção. Um segundo campo de trabalho é a produção de brinquedos com alavancas e roldanas, como marionetes, guindastes, dragas. As leis da alavanca estão ligadas com as leis dos movimentos do corpo por meio do esqueleto e dos músculos e isso interessa muito aos alunos, que assim entendem melhor as transformações pelas quais passam em seu crescimento.

Figura 16[221]

---

[220] Acervo pessoal da autora.
[221] Idem.

No oitavo ano, surge a oportunidade de serem treinadas as capacidades individuais e cada aluno deve *criar algo próprio*. O professor orienta para que a produção faça sentido e trabalhos de carpintaria, como um banquinho, por exemplo, podem ser executados. O encaixe de peças sem pregos ou parafusos é o desafio. Trabalhos individuais ou em grupo produzem suportes para velas, máscaras, animais ou instrumentos de música.

Figura 17[222]

Outra tarefa importante para os alunos é o teatro. Pequenas peças são apresentadas em diversas ocasiões durante toda a vivência escolar, mas o ponto culminante é o chamado *teatro do oitavo ano*. A escolha da peça que será montada inicia-se já no final

[222] GUERRA, 2006, p. 37.

do sétimo ano. Conforme o texto que for escolhido, muitas vezes é necessário fazer uma tradução e quem sabe até uma adaptação para que possa ser encenada. É uma época que atravessa todo o ano letivo até a data da apresentação.

Figura 18[223]

As peças de teatro oferecem uma oportunidade única para o exercício da fala acompanhada de gestos. É a ocasião para a conquista da alma pelo próprio jovem. Para tanto, a qualidade artística e moral do texto precisa justificar o esforço de professores e alunos, e também do grupo de pais que apoia a produção do evento. O estudo dos papéis, a escolha de cada personagem, a composição dos tipos caracterizados, tudo é vivido com o trabalho de expressão corporal e dicção, para o que contribuem a vivência do cultivo da fala e da euritmia. As aulas de música também contribuem, bem como a pintura, que auxilia na feitura do cenário, e até a costura, que auxilia na composição do guarda-roupa do elenco.

As palavras da professora Celina, do oitavo ano do Colégio Micael, em 2006, elucidam um pouco essa vivência. Para ela, o

[223] Acervo pessoal da autora.

teatro é vida, porque lida com as artes corporais, a arte da fala, proporcionando *uma floração da vivência* do corpo no sentido da unidade da individualidade. Trabalha com o ritmo, permite a respiração entre o neurossensorial, que engloba as atividades do pensar e o metabólico-motor. Entre eles o sentimento que deixa viver cada experiência, cantar, ler, pintar, falar, movimentar-se, dançar... vive-se o tempo no espaço tridimensional por meio da arte, que é mediadora, dando ritmo entre as duas polaridades, deixando ver através do tempo.

Figura 19[224]

---
[224] Acervo pessoal da autora.

Além da vivência da arte em si, existe a vivência do grupo, do trabalho compartilhado para atingir um objetivo comum e final que é a apresentação. Aquilo que começou lentamente com a escolha da peça, com os exercícios de fala e expressão corporal, cresceu em direção à elaboração do cenário, à escolha e à confecção do guarda-roupa, do ensaio das músicas da difícil escolha dos papéis, e à marcação e cumprimento dos horários de ensaio. Riso, choro, dedicação, cansaço e falta de sono, união em torno dos problemas que surgem para organizar, a vivência do trabalho colaborativo do qual as famílias também acabam participando. Tudo isso culmina em uma bela apresentação na qual os esforços de todos conduzem à produção coletiva em que as individualidades deram sua contribuição.

Pode-se descrever inúmeras outras atividades do cotidiano de uma escola Waldorf, no entanto, acabar-se-ia repetindo os manuais já existentes, os inúmeros artigos de revistas antroposóficas e não é esse o intuito desta pesquisa. A opção pelas atividades aqui descritas reside no fato de que elas são marcadamente as de maior peso artístico e que permeiam os conteúdos e os acompanham, constituindo o diferencial com outras escolas que também ministram conteúdos artísticos sem que estes se tornem parte fundamental da aula principal. Na verdade, eles são a chamada parte diversificada do currículo escolar, funcionando apenas como complemento, ou até preenchendo tempos vazios, como afirma Duborgel[225]. Ou como tema transversal, que acaba não aparecendo em lugar algum.

Na pedagogia Waldorf, o fio condutor é a narrativa, é ela que conduz o imaginário ou a vivência imaginativa conforme afirma Sueli Passerini:

---

[225] DUBORGEL, Bruno. **Imaginaire et Pédagogie** – de l'iconoclasme scolaire à la culture des songes. Toulouse, Cedex: Privat,1992.

A imagem é a linguagem universal que une os povos, não através da fria razão, mas sim através do elo do coração, pelo laço dos grandiosos sentimentos de fraternidade contidos, por exemplo, nas cenas imagéticas dos contos e mitos que pertencem ao amanhecer da história humana. Tais cenas podem explicitar, quando nos deixamos viver e sonhar com elas, nosso leitmotiv pessoal, orientando-nos em nossas vidas pessoais, assim como orientaram a evolução da humanidade. A vivência imaginativa dos sábios conteúdos narrados nos tempos mais remotos espelha, fortalece e protege o próprio mundo interno do ser em desenvolvimento, a criança, favorecendo a formação de sua identidade[226].

É daí que se conclui que o imaginário nessa pedagogia é aquele que alimenta a alma diretamente nas fontes de toda imagem, nos contos, nos mitos, nas lendas, nas biografias, em toda narrativa capaz de proporcionar esse sustento imagético. As estruturas mentais do ser humano são supridas nessa metodologia pelas diversas narrativas que dão sustentação para as atividades artísticas. Cada atividade inicia-se a partir de uma delas. São elas que amortizam o efeito da lógica aristotélica intelectualizante da qual Durand[227] alerta constantemente quais são os perigos. É a narrativa que polariza as forças arquetípicas apresentadas por meio de um conto e que se transformam nas imagens de uma aquarela ou de um desenho. Elas estão presentes também nos pequenos objetos produzidos a partir de um imaginário criado e sustentado por elas (as narrativas). A fala e a leitura são trabalhadas, a euritmia cria os gestos, tudo pelas vias da narração em suas múltiplas formas.

O referencial teórico da mitologia comparada de Joseph Campbell é relevante para a discussão do tema. Segundo ele[228],

---

[226] PASSERINI, 1996, p. 104.
[227] DURAND, 1998.
[228] CAMPBELL, Joseph. **As Máscaras de Deus** – mitologia primitiva. São Paulo: Palas Athena, 1992.

a humanidade não apresenta uma unidade apenas pelo aspecto biológico, mas também no que diz respeito à sua história espiritual, que se manifesta em toda parte como em uma sinfonia única de "temas apresentados, desenvolvidos, amplificados e revolvidos, distorcidos e reafirmados"[229]. Ao comparar as mitologias das diversas civilizações, tanto ocidentais como orientais, Campbell encontrou os grandes temas recorrentes do roubo do fogo, do dilúvio, da terra dos mortos, do nascido de uma virgem e do herói ressuscitado. Eles aparecem sob novas combinações em vários lugares, repetindo-se em liturgias, interpretados pelos poetas, teólogos ou filósofos, representados na arte e exaltados em hinos ou ainda, experimentados com êxtase em visões vivificadoras.

Paradoxalmente, o homem, ao buscar algo sólido para fundamentar sua vida e suas ações, escolhe não os fatos, mas os mitos que são frutos da imaginação imemorial. Esses mitos agem sobre a humanidade "consciente ou inconscientemente liberando energia, motivando a vida e orientando ações"[230]. Seguindo esse raciocínio, ele afirma que os contos de fada compilados pelos Irmãos Jacob e Wilhelm Grimm foram pesquisados por eles devido à crença de que tais narrativas poderiam conter remanescentes de uma mitologia indo-europeia. Apesar de os contos de fadas serem hoje considerados literatura infantil, a mitologia está longe de ser *um brinquedo para crianças*[231]. Os símbolos encontrados nas narrativas míticas tocam e liberam centros de motivação profundos na psique humana. Podem ser considerados como imagens do princípio da vida, da ordem eterna e da fórmula sagrada que faz fluir a vida quando esta se projeta do inconsciente para o consciente, conforme a própria psicologia profunda concorda[232].

---

[229] CAMPBELL, 1992, p. 09.
[230] Ibidem, p. 10.
[231] Ibidem, p. 22.
[232] Ibidem, p. 27.

Campbell estabelece uma relação entre a mitologia, a religião e a arte. Existe, segundo ele[233], um elemento de jogo na *fé* e no faz de conta que propicia o arrebatamento divino, o espírito de um festival, de um feriado ou dia santo de cerimonial religioso. Esse elemento permite que a atitude normal do ser humano diante das preocupações da vida seja posta de lado em favor de uma disposição que ele tem para se enfeitar e enfeitar o mundo. Cria-se, então, uma atmosfera que impede a intromissão da lógica da realidade cotidiana, sob pena de que se perca esse estado de alma especial apropriado para o ritual, uma espécie de encantamento.

O jogo do *como se* praticado pelo *Homo ludens*[234] está presente nos festivais, nos rituais de fé, na brincadeira infantil e onde quer que a alegria e o enlevo reinem como "impulso espontâneo do espírito para identificar-se com algo que não seja ele próprio" sem se deixar intimidar "pelos fatos banais das magras possibilidades da vida", mas transubstanciando o mundo[235].

Outro ponto importante na visão de Campbell[236] é a influência que essas formas narrativas exercem umas sobre as outras. Dessa maneira se pode traçar o caminho que o mito faz ao longo da evolução até transformar-se em uma lenda e posteriormente serem encontrados vestígios deles nos contos populares e nos contos de fada. Esse processo justifica-se pela demonstração feita pela Psicanálise e pela Psicologia Analítica de que as imagens desses mitos, lendas e contos têm em comum sua origem: a precipitação de imagens do inconsciente.

Na medida em que a moderna ciência de interpretação dos sonhos ensinou aos homens a ficarem atentos com relação a essas

---
[233] CAMPBELL, 1992, p. 33-34.
[234] Homem lúdico, conceito schilleriano. [Nota da autora].
[235] CAMPBELL, 1992, p. 37.
[236] CAMPBELL, Joseph. **As Transformações do Mito através do Tempo.** São Paulo: Cultrix, 1990, p. 32.

imagens insubstanciais, ensinou, segundo Campbell[237], também, a forma de deixá-las atuar. As perigosas crises do autodesenvolvimento do indivíduo podem, então, desenrolar-se sob o olhar protetor de um experiente iniciado na natureza e na linguagem dos sonhos. Este desempenha a função e o papel outrora representados pelo mistagogo, ou guia dos espíritos, o curandeiro iniciador dos primitivos santuários florestais das provas e da iniciação. Em uma analogia ao pensamento de Campbell, o professor Waldorf é um mestre guardião dos segredos da imaginação, que podem ser trabalhados pelas narrativas por meio das expressões artísticas de seus alunos. Ele tem o papel do velho sábio dos mitos e dos contos de fada, que auxilia o herói em suas aventuras.

Ao se considerar a função primária da mitologia, dos contos e dos ritos enquanto veículos de uma simbologia capaz de levar o espírito humano adiante em sua jornada de amadurecimento anímico e espiritual, entende-se melhor sua oposição em relação às outras fantasias que surgem na alma humana que não propiciam esse amadurecimento. Uma vez constatados esse efeito e a forma de trabalhar esses elementos por meio de uma pedagogia voltada para a educação estética, pode-se compreender os rituais existentes dentro da prática da Pedagogia Waldorf. O exercício das diversas artes segue um programa sequencial nem sempre rígido, mas que visa a atravessar as etapas de uma jornada de desenvolvimento infantojuvenil que apresenta momentos passíveis de serem trabalhados como pequenas iniciações cotidianas.

---

[237] CAMPBELL, Joseph. **O Herói de Mil Faces**. São Paulo: Ed. Cultrix/Pensamento, 1995.

CAPÍTULO 3

A ARTE NA PEDAGOGIA WALDORF

A importância da Arte no currículo Waldorf e das diversas atividades artísticas utilizadas enquanto práticas escolares, tais como a pintura, o desenho, a escultura, a marcenaria artística, a música, as danças e a euritmia perfazem o material analisado neste livro. Além delas, também atividades artesanais, como o tricô, o bordado, o crochê, a costura de roupas, a feitura de sapatos, a modelagem em cerâmica e a tecelagem. De todas essas modalidades de expressão criativa, apenas a pintura é tomada como conteúdo do que é chamado Ensino Principal[238] e ensinada durante todo o período correspondente ao ensino fundamental. Esse motivo, somado ao fato de que o trabalho em aquarela e com as cores é extensamente valorizado tanto na escola como na terapia artística, indicou a importância de analisar esse material, que, coincidentemente, foi o que apresentou maior possibilidade de coleta durante a pesquisa de campo.

Em sua *Doutrina das Cores*[239], Goethe tece afirmações a respeito da influência das cores na esfera do sentimento, discorrendo sobre a relação de cada uma delas com os sentimentos que ele acreditava serem causados por elas. Baseado nisso, Rudolf Steiner também formulou orientações na área pedagógica e na área médica. No Brasil, não foram publicadas suas obras que falam explicitamente da aplicação artística das cores, encon-

---

[238] O ensino principal é composto pelos conteúdos de ensino que na Pedagogia Waldorf são intercalados com vivências artísticas. Steiner afirma que devem ser ministradas apenas duas horas seguidas de conteúdos para não desvitalizar a criança. A atividade artística atua como revitalizadora das forças anímicas.

[239] GOETHE, 1993.

tradas apenas em outras línguas. Mas é possível utilizar a coleção intitulada *Terapia Artística*[240], publicada em três volumes, sendo o primeiro de autoria de Paul von der Heide, enquanto o segundo e o terceiro são de autoria de Margarethe Hauschka. Nessas obras, encontramos algumas indicações importantes do trabalho com as cores na aquarela, que são utilizadas também para a educação.

Baseado na *Doutrina das Cores* de Goethe, Steiner parte do pressuposto de que cor e imagem são o subsídio necessário para o desenvolvimento do sentimento e da sensibilidade. Inicialmente a criança, recém-chegada ao segundo septênio, tem à sua frente o caminho de desenvolvimento de seu potencial sensível e afetivo. A Pedagogia Waldorf propõe-se a trabalhar com a criança ao longo desse período com elementos curriculares que considerem esse potencial. A atividade artística é um incentivo ao desenvolvimento criativo. A Psicologia Analítica pode contribuir para o aprofundamento dessa ideia. Jung[241] afirma que o aspecto da arte que existe no processo de criação artística pode ser objeto da Psicologia e não da Arte em si, a qual deve ser tratada pela estética. Nesse campo, a arte torna-se um fenômeno simbólico emocional passível de ser analisado pela Psicologia sem ferir sua natureza. Nesse sentido, a obra de arte é uma reorganização criativa da observação que o artista faz da realidade.

Não se trata aqui de obra de arte, no sentido conferido pela Arte em si, mas de uma expressão artística enquanto elaboração simbólica. Esse conceito é apresentado por Carlos Byinton[242] (1987) em sua obra *Desenvolvimento da Personalidade – Símbolos e Arquétipos*. Essa elaboração simbólica é "o processo de desenvol-

---

[240] HAUSCHKA, Margarethe. **Terapia Artística - Natureza e Tarefa da Pintura Terapêutica**. v. 2. 2. ed. São Paulo: Antroposófica, 2003; Idem. **Terapia Artística – Contribuições para uma atuação terapêutica**. v. 3. 2. ed. São Paulo: Antroposófica, 2003; HEIDE, Paul von der. **Terapia Artística – Introdução aos Fundamentos da Pintura Terapêutica**. v. 1. 2. ed. São Paulo: Antroposófica, 2003.
[241] JUNG, Carl G. **O Espírito na Arte e na Ciência**. Petrópolis: Vozes, 1991ª. p. 54.
[242] BYINGTON, 1987.

vimento dos símbolos que se inicia com a indiscriminação devida à aglutinação de energia do consciente e do inconsciente culminando na separação e identificação (discriminação) das inúmeras polaridades que compõem cada símbolo". A expressão artística[243] do aluno Waldorf ocorre nesse eixo que transita entre consciente e inconsciente, sendo, por isso, uma elaboração simbólica. Por meio dessa expressividade, a criança vivencia um movimento criador, esteja ela se colocando deliberadamente nele, ou apenas sendo tomada por ele como instrumento, sem qualquer consciência desse fato. O que se pode observar pela análise empreendida é que inicialmente a criança apenas é levada a um movimento criativo. Seu amadurecimento e o domínio das técnicas é que vão lhe permitir a aquisição de uma consciência sobre esse processo criador-criativo sem que, no entanto, o processo intelectual domine essa ação.

A vivência inicial com as cores possibilita que o pensamento mergulhe nelas, conduzindo o sujeito para um estado semelhante a um abandono de si mesmo, para em seguida participar da imagem que as cores oferecem, ativando assim a imaginação para o entendimento das formas. Isso produz ressonâncias capazes de desenvolver o sentimento e a inspiração (von der Heide[244]). Também é possível perceber efeitos cromáticos que fazem sentir dor ou felicidade, influenciando a sensação de viver de maneira qualitativa. Goethe[245] denominava esses efeitos de *efeitos sensórios-morais das cores*[246].

No prefácio de sua *Doutrina das Cores*[247], Goethe afirma que essas *são ações e paixões da luz*, e a partir delas encontram-

---

[243] De acordo com Sueli Passerini na Banca de Exame Geral de Qualificação para Doutorado, 17 de abril de 2007.
[244] HEIDE, 2003, p. 23-24.
[245] GOETHE, 1993.
[246] Ibidem, p. 128.
[247] Ibidem, p. 35.

-se indicações a respeito da luz. Para esse autor, luz e cores estão em perfeita relação e devem ser pensadas como pertencentes ao todo da natureza que quer se revelar ao sentido da visão. Por esse motivo, Goethe aplica a mesma linguagem usada para entender os fenômenos naturais, o que nesse caso significa pensar nas polaridades dos efeitos causados pela luz e pela sombra e na complementaridade das cores. Em outras palavras, entender as cores por meio das polaridades que elas apresentam entre si e dos diversos fenômenos que se tornam possíveis a partir da dinâmica por elas apresentada. Sua teorização é apresentada de maneira a deixar clara a sua posição científica de aliar a experiência, a observação dos fenômenos, reflexão e formulação do conceito. Dentro dessa perspectiva, ele diz:

> Por ora adiantamos apenas que luz e sombra, claro e escuro ou, para utilizar uma fórmula mais geral, luz e não-luz são requeridas para a produção da cor. Na luz surge para nós, em primeiro lugar, uma cor que chamamos amarelo, e uma outra, na escuridão, que designamos azul. Quando essas duas se misturam no seu estado mais puro, de modo que ambas se mantenham em perfeito equilíbrio, surge uma terceira cor que chamamos verde. Porém, cada uma daquelas cores primárias, tornando-se mais espessas ou escuras, também pode produzir em si mesma um novo fenômeno. Essas cores adquirem um aspecto avermelhado, que pode se intensificar a ponto de já quase não se reconhecer o amarelo e o azul originários. Entretanto, o vermelho mais intenso e puro é produzido, sobretudo nos casos físicos, quando os extremos do amarelo e azul, ambos avermelhados, se combinam. Tal é o vivo aspecto da manifestação e produção das cores[248].

Dessa forma, Goethe apresenta as três cores primárias, o amarelo, o azul e o vermelho, que são utilizadas inicialmente

---

[248] GOETHE, 1993, p. 46-47.

nas pinturas em aquarela feitas pelos alunos das escolas Waldorf. Continuando sua elaboração cromática a partir da luz e da sombra, o autor propõe a confecção do que ele denomina *círculo cromático*, que delimita a parte mais elementar da *Doutrina das Cores*. Segundo ele, todas as cores restantes, com suas infinitas variações, pertencem à técnica específica empregada por todo pintor ou *colorista*.

Figura 1[249]

---
[249] "A doutrina das cores", GOETHE, 1993, p. 62.

A descrição detalhada de exercícios e observações aplicando técnicas de luz e sombra utilizando preto e branco, cinza ou mesmo cores do círculo cromático explica a descoberta das cores complementares:

> A fim de determinar rapidamente as cores evocadas por esse antagonismo, utiliza-se o círculo cromático de nossas ilustrações, disposto de acordo com a natureza, o qual também é útil aqui, pois as cores diametralmente opostas são aquelas que se complementam reciprocamente no olho. Assim, o amarelo requer o violeta; o laranja, o azul; o púrpura, o verde; e vice-versa. Da mesma maneira as gradações intermediárias exigem seu contrário; as cores mais simples, as mais compostas; e vice-versa[250].

O capítulo final exibe explicações de uma série de experiências sobre o efeito moral das cores sobre os sentidos. As ideias apresentadas aqui são especialmente significativas para a aplicação da pintura em aquarela na Pedagogia Waldorf, uma vez que são justamente as que são desenvolvidas na amostragem coletada durante o trabalho de campo.

Sobre o efeito sensório-moral das cores, especificamente, Goethe afirma que as cores impressionam o olho e também a alma, sendo que *cores distintas proporcionam estados de ânimo específicos*[251]. Segundo ele, é preciso deixar-se envolver por uma cor única, como estar em um quarto de uma só cor, ou olhar através de um vidro colorido. Nesses casos em que se consegue identificar com a cor "ela coloca olho e espírito em uníssono consigo mesma"[252], ou seja, a cor harmoniza o olho e o espírito em um mesmo sentimento inspirado por ela.

---

[250] GOETHE, 1993, p. 62.
[251] Ibidem, p. 129.
[252] Idem.

Após essas vivências, é recomendável que o observador volte totalmente a si[253], o que, no caso das crianças, é possível pelo ritmo diário das atividades escolares, que vai proporcionar equilíbrio necessário para esse retorno. A existência humana atual é pobre em atividades físicas nas quais as pessoas se envolvam de corpo e alma. A atividade artística traz de volta essa característica, alimentando o sentimento por meio do impulso lúdico[254]. É possível dar vazão aos sentimentos por meio das cores, como desenhando ou pintando na cor vermelha quando se quer vivenciar a raiva. Utilizando a *Doutrina das Cores* de Goethe, na qual o autor desenvolveu a ideia das imagens ofuscantes, que consiste em fixar o olhar em uma cor viva – como o vermelho utilizado pela pessoa que está com raiva. Em seguida, olha-se uma superfície branca. Nela estará refletida a cor verde, que é oposta e complementar ao vermelho, de acordo com Goethe[255]. Esse efeito cromático foi utilizado amplamente por Rudolf Steiner em suas sugestões para o trabalho dos professores com a aquarela nos exercícios de cor. A cor verde proporciona a calma e a frieza necessárias para que a raiva se desvaneça.

No processo artístico, existe uma possibilidade de dialogar com a técnica analítica junguiana denominada *imaginação ativa*. Jung[256] utilizava essa forma de análise para auxiliar seus pacientes a conduzir os conteúdos inconscientes ao nível da consciência. A intervenção do ego era o fio de ligação para desvendar aquilo que o inconsciente buscava revelar por meio dos complexos. Assim como sensibilidade, imaginação, intuição e percepção são trazidas para o processo criativo a partir de imagens vividas em processos internos e culturais que estão internalizadas no indivíduo, os conteúdos inconscientes dos complexos também estão.

[253] HEIDE, 2003.
[254] SCHILLER, 1995.
[255] GOETHE 1993, p. 59-66.
[256] JUNG, 1991.

Uma vez trazidos à tona pelo processo de expressão artística, lembrando aqui que ele acontece no eixo existente entre o consciente e o inconsciente, o eixo da elaboração simbólica, conforme conceito supracitado de Byinton[257], estes podem ser trabalhados com o auxílio da consciência. Isso não significa, porém, uma intervenção de caráter repressor e, sim, em um sentido de objetivar o conteúdo que brota pela intuição[258].

A intervenção do ego no processo de imaginação ativa traz a consciência de vivências, sendo que elas podem ser trabalhadas por meio de elaborações artísticas nas diversas artes, como música, literatura, pintura, escultura etc. Com o processo de imaginação ativa, Jung procurou dinamizar os conteúdos inconscientes de seus pacientes através de elaborações artísticas para que pudessem ser olhados de maneira consciente[259]. São a consciência e a sensibilidade que fazem parte da herança humana que conferem esse potencial passível de ser desenvolvido dentro de um contexto cultural. Assim, a criação articula-se pela sensibilidade humana, que é a porta de entrada para as sensações, representando abertura constante para o mundo e ligando o ser humano ao que ocorre ao seu redor.

O processo descrito pode proporcionar o jogo lúdico que conduz ao *estado estético* schilleriano. O ser humano em seu amadurecimento passa por três estados: o *estado dinâmico*, no qual ele limita suas ações pelo uso da força; o *estado ético*, que é aquele em que ele limita suas ações pelas leis morais; no entanto, é pelo *estado estético* que ele atinge o equilíbrio entre os outros dois, libertando-se de toda coerção, seja ela moral ou física[260].

De acordo com Schiller, existe um estado intermediário entre a matéria e a forma, entre a passividade e a ação para o qual

---
[257] BYINGTON, 1997.
[258] JUNG, 1997. p. 157-164.
[259] WEAVER, Rix. **A Velha Sábia** – estudo sobre a imaginação ativa. São Paulo: Paulus, 1996.
[260] SCHILLER, 1995, p. 144.

se pode ser transportado por meio da beleza. Ela liga a sensação e o pensamento: "Pela beleza, o homem sensível é conduzido à forma e ao pensamento; pela beleza, o homem espiritual é reconduzido à matéria e entregue de volta ao mundo sensível". Nessa mediação, o belo permite ao homem uma passagem da sensação ao pensamento, como se fosse uma faculdade nova e autônoma por meio da qual se torna possível ir do individual ao universal, do contingente para o necessário. Com essa ideia, Schiller sugere que a fruição da beleza e a sua criação sejam parte do caminho cognitivo. Esse é justamente o princípio estabelecido por Steiner na prática da Pedagogia Waldorf, dizendo aos professores que, para as crianças do segundo septênio, *o mundo é belo*[261].

Na obra de Schiller, encontra-se a base fundante para a proposta steineriana: "Apenas por proporcionar às faculdades do pensamento liberdade de se exteriorizarem segundo suas leis próprias que a beleza pode tornar-se um meio de levar o homem da matéria à forma, das sensações às leis, de uma existência limitada à absoluta"[262]. Essa ação da beleza sobre as faculdades da ação e do pensamento possibilita ao homem a capacidade de tornar-se humano pela ação de sua própria vontade, atualizando, assim, sua liberdade por meio do que Schiller caracteriza como uma segunda criação. A primeira foi proporcionada pela natureza. A segunda é dádiva da beleza – a segunda criadora dos seres humanos – pela própria ação humana.

Isso significa que o homem se autocriaria por meio de sua ação criadora sobre a matéria que ele transforma, sugerindo novamente a ligação do processo artístico com o desenvolvimento da cognição. A fruição da beleza proporciona um estado imaginativo e lúdico ao sujeito envolvido nesse processo. Schiller insiste que

---

[261] ROMANELLI, Rosely A. **A Pedagogia Waldorf**: Contribuição para o Paradigma Educacional Atual sob o ponto de vista do Imaginário, da Cultura e da Educação. 128f. Dissertação (Mestrado em Educação) – Faculdade de Educação da Universidade de São Paulo. Cap. 3. São Paulo, 2000. p. 72.
[262] SCHILLER, 1995, p. 100.

não se transforma o homem que responde em suas ações com o que lhe transmitem os sentidos naquele que atua sob a influência da razão se não lhe for despertado antes o sentido estético.

Entende-se, então, que o trabalho artístico desenvolvido nas escolas Waldorf busca a atualização das afirmações schillerianas. Por meio da disposição estética do espírito, a espontaneidade da razão é solicitada dentro do próprio campo da sensibilidade, enquanto o poder da sensação é quebrado já dentro de seus próprios domínios[263]. Em uma relação dinâmica dessas faculdades polares – sensibilidade e razão –, a disposição estética schilleriana permitiria reintegrar os saberes rejeitados pelo objetivismo analítico atual, permitindo reintegrá-los ao desenvolvimento das estruturas dinâmicas da mente humana.

O próprio Jung[264] faz a comparação entre a forma ativa da fantasia, que é o princípio da imaginação ativa, com o conceito de disposição estética de Schiller, dizendo que "semelhante fantasia pode ser a mais alta expressão de uma individualidade e pode criar esta individualidade pela expressão perfeita de sua unidade, uma vez que nela confluem a personalidade consciente e inconsciente do sujeito num produto comum e unificador".

Para Jung, existe uma diferença entre a fantasia passiva e a imaginação ativa. A primeira sempre vai precisar de uma crítica consciente para não deixar valer o ponto de vista unilateral do inconsciente. Por sua vez, a imaginação ativa "é produto de uma atitude consciente não oposta ao inconsciente e de processos inconscientes que se comportam em relação ao consciente de forma compensadora e não opositora, não precisando de crítica e sim de compreensão"[265]. A compreensão consciente pode vir a ser o processo de elaboração artística, muitas vezes utilizado por Jung como forma de objetivação no processo de imaginação ativa.

---
[263] SCHILLER, 1995, p. 118-119.
[264] JUNG, 1991, 408.
[265] Ibidem.

Pode-se compreender, então, que a atividade artística atua sobre a sensibilidade na criança em desenvolvimento, proporcionando uma experiência com cores e imagens que vai desencadear vivências estéticas, considerando o fenômeno vivencial do processo lúdico-estético que se estabelece. A pintura enquanto atividade principal apoia-se nas outras atividades artísticas e trabalhos artesanais em que o senso estético e a imaginação se desenvolvem em produtos da criação dos alunos. A vontade de chegar ao produto final proporciona uma transformação interna que conduz a uma humanização[266].

Nessa sensibilidade trabalhada pelos conteúdos artísticos, encontram-se os conteúdos inconscientes trabalhados pela Psicologia junguiana, naquilo que eles trazem de fenomenologia simbólica e emocional, e, portanto, coerentes com a discussão aqui estabelecida. A visão junguiana que importa aqui é aquela utilizada por Jeffrey Raff[267], de que a imaginação para Jung[268] possui um poder de transformação alquímica. Ou, em outras palavras, pode-se considerar que, por meio das atividades artísticas, consegue-se movimentar um processo transformador que auxilia o desenvolvimento das etapas do conhecimento e amadurecimento, atravessadas pela criança durante seu aprendizado escolar, proporcionando, além do desenvolvimento de um conhecimento racional, o conhecimento afetivo, emocional.

Para Raff[269], é particularmente importante considerar a alquimia que ocorre no processo da imaginação. Ele valoriza, então, algumas ideias básicas da teoria de Jung: o si-mesmo (*self*), a imaginação ativa, a interpretação de sonhos e a função

---

[266] SCHILLER, 1995, p. 118-119.
[267] RAFF, Jeffrey. **Jung e a Imaginação Alquímica**. São Paulo: Mandarin, 2002.
[268] Várias obras de C. G. Jung estabelecem o processo de imaginação ativa como caminho para individuação; algumas delas, porém, aprofundam a questão da transformação alquímica como **Mysterium Coniunctionis**, v. I (1988) e v. II (1990) e **Aion: o simbolismo do Si – mesmo** (2000) publicados pela Editora Vozes.
[269] RAFF, 2002.

transcendente. Parece pertinente, neste livro, traçar uma analogia com a ideia de imaginação ativa. O trabalho elaborado com as crianças mediante a narração de contos para estimular a atividade da aquarela, ou mesmo as outras artes e artesanatos, parece partir do mesmo princípio alquímico dinamizador e transformador. Enquanto são manipulados e transformados os diversos materiais que deverão adquirir formas variadas segundo a criatividade, as imagens das narrativas concretizam-se em produtos belos e funcionais[270].

Entenda-se ainda que a alquimia a qual se esteja referindo aqui é aquela vertente que remete ao trabalho interno transformador da personalidade. É com ela que se podem traçar analogias com o processo de amadurecimento infantojuvenil pelo trabalho artístico vivencial. A transformação da fantasia em imaginação criativa. Para elucidar esse caminho, é preciso retomar as considerações de Jung[271] sobre a imaginação e a fantasia. O autor relata uma passagem de sua infância quando, nas tardes de sábado, costumava contemplar um quadro que tinha a imagem de seu avô, parada no terraço da casa na atitude de quem vai sair. O pequeno Carl Gustav Jung costumava contemplar essa imagem até que tivesse a vívida sensação de que seu avô caminhava escadas abaixo rumo ao caminho que o levava à igreja. Ele utiliza essa passagem de sua vida para ilustrar o processo da imaginação ativa, dizendo que um quadro mental pode ser movimentado por intermédio da mesma energia imaginativa. Ele afirma que a mente consciente pode produzir muito pouco no sentido de movimentar as imagens, mas que pela imaginação o inconsciente pode fornecer ideias ao consciente para que ele crie inúmeras coisas.

---

[270] FEDERAÇÃO DAS ESCOLAS WALDORF NO BRASIL. **Para a estruturação do ensino do 1º ao 8º ano das Escolas Waldorf – Rudolf Steiner:** Projeto Pedagógico elaborado pela Seção Pedagógica do Goetheanum e pelo Centro de Pesquisas Pedagógicas da Federação das Escolas Waldorf Livres. São Paulo: FEWB, 1999.

[271] JUNG, Carl G. **Fundamentos de Psicologia Analítica.** Petrópolis: Vozes, 1996. p. 159-160.

É importante perceber que Jung[272] estabelece uma distinção entre *fantasia passiva* e *fantasia ativa* (ou *imaginação ativa*). A fantasia passiva é formada por um conjunto de representações que não têm situação real correspondente. Mesmo que esteja baseada em recordações de vivências realmente ocorridas, ela não corresponde à realidade externa, sendo "apenas o escoamento da atividade criadora do espírito, uma ativação ou produto de combinações de elementos psíquicos dotados de energia"[273]. Além disso, ela aparece sem atitude intuitiva precedente ou concomitante do sujeito conhecedor, que permanece totalmente passivo.

Se, no entanto, essa energia psíquica puder estar sujeita a uma direção voluntária, a fantasia será então produzida consciente e voluntariamente, acionada por uma atitude intuitiva de expectativa, ou seja, por uma atitude orientada para a percepção de conteúdos inconscientes. Essa é a imaginação[274] ativa que "consiste então numa atitude consciente de assumir indícios ou fragmentos de relações inconscientes e relativamente pouco acentuadas e, por meio de associação de elementos paralelos, apresentados numa forma visual plena, pela participação positiva da consciência"[275].

A imaginação ativa, por ocorrer em estado de vigília, precisa dispor de considerável energia da fantasia para superar a inibição imposta pela atitude consciente. A oposição do inconsciente para que ela penetre na consciência deverá ser muito importante e possuir uma coesão interna de conteúdos para ser capaz de transpor a barreira da continuidade dos processos conscientes[276].

---

[272] JUNG, 1991.
[273] Ibidem, p. 407.
[274] Nesse trecho do livro, Jung utiliza o termo fantasia, em vez de imaginação. No entanto, tomo a liberdade de trocar os termos, uma vez que a explicação se encaixa perfeitamente sem danos para o pensamento original de Jung. Acredito que não incorro em erro, pois o processo de imaginação ativa não é diferente do que descrevo aqui.
[275] JUNG, 1991, p. 407-408.
[276] Ibidem, p. 408-409.

Por esse motivo, constitui-se, na opinião de Jung e de seus seguidores, em uma importante maneira de trabalhar os conteúdos inconscientes por meio da Psicologia Analítica.

No trabalho de expressão artística dos alunos Waldorf, essa relação do inconsciente com o consciente estabelece-se pela motivação para o trabalho imaginativo que surge das narrativas introdutórias às atividades de aquarela e outras artes e manualidades. Elas proporcionam um estado em que a alma fica povoada por imagens que levam ao exercício com o material apresentado. A imagem transita no eixo entre o inconsciente e o consciente até transformar-se em conceitos expressados artisticamente, refletindo o desenvolvimento e o amadurecimento do aluno, como o trabalho da imaginação ativa permite que os conteúdos importantes do inconsciente venham à tona para serem trabalhados pela energia do consciente. Assim como o indivíduo em seu processo terapêutico trabalha a matéria-prima do inconsciente para entender seu próprio processo de desenvolvimento, "o artista trabalha aquela que tem nas mãos através da anima rumo à *anima mundi*[277].

Retomando esse conceito em Hillman[278], cabe lembrar que ele considera a *anima* como o condutor primordial da psique, chegando, assim, ao conceito de *anima mundi*, alma do mundo, da qual a *anima* pessoal seria uma centelha tomada personalisticamente. A *anima mundi* permite captar o sentido de "alma como uma realidade psíquica interiormente dentro das coisas"[279]. Isso significa que a *anima* está no interior da vida psíquica do indivíduo, permitindo que ele perceba essa vida psíquica como um elemento inserido na vida natural. Isso, na visão de Hillman, é possível pelo exercício da fantasia imaginativa. Os fenômenos tornam-se vivos

---

[277] HILLMAN, James. **A Herança Daimonica** Jung. 1987. Disponível em: <www.rubedo.psc.br/artigos/jameshillman>, Acesso em: maio 2004.
[278] HILLMAN, 1990.
[279] Ibidem.

e carregam alma, de acordo com o autor, quando se exercem as próprias fantasias imaginativas sobre eles. Dessa maneira, a fantasia deixa de ser um processo interior que acontece internamente na cabeça do indivíduo e torna-se um modo de estar no mundo e devolver a esse mundo sua alma. Esse processo é semelhante àquele vivido por Goethe para encontrar a planta primordial já descrito no capítulo anterior.

No processo de expressão artística do aluno Waldorf, o trabalho com o material proposto possibilitará o exercício da fantasia imaginativa (ou imaginação ativa ou qualquer que seja o nome aqui tomado para designar a energia psíquica que será mobilizada para desenvolver uma consciência imagética e não somente uma inteligência racional, conceitual). Para Hillman[280] essa possibilidade de trabalhar com a imagem "*liberta a imagem que está cativa e alivia o sofrimento de Sofia*"[281] na matéria, trazendo-a de volta ao lugar do qual foi arrancada pelo racionalismo ocidental, que a confunde com o delírio, o fantasma do sonho e o irracional[282]. Lembrando aqui que essas imagens são tanto aquelas que fazem parte da cultura humana, disseminadas pela mitologia, pela tradição e pelos costumes de um povo, como as utilizadas pelas narrativas inspiradoras das aquarelas que formam o *corpus* dessa pesquisa. Assim, elas tornam-se representativas do imaginário dos alunos formados pelas mesmas narrativas, alimentando o universo simbólico relativo aos regimes e suas respectivas estruturas, permitindo identificar as polaridades da alma humana, *l'âme tigrée*, alma tigrada para Durand[283], porque polarizadas pelas forças diurnas e noturnas, heroicas, místicas e sintéticas que as compõem. Ou, antes, pela polarização da sensibi-

---

[280] HILLMAN, 1987, p. 5.
[281] JUNG, C.G. **Resposta a Jó**. Petrópolis: Vozes, 1979. Sofia, para Jung, é a "*artífice" que realiza o pensamento de Deus, dando-lhe forma material, sendo uma prerrogativa da essência feminina.*
[282] DURAND, Gilbert. **A Imaginação Simbólica**. São Paulo: Cultrix/Edusp, 1988.
[283] DURAND, 1980.

lidade e da racionalidade, que buscam um equilíbrio na formação do ser humano em desenvolvimento.

No caso de um ser humano adulto, retomando a visão proposta por Jung no caminho da individuação, a transformação alquímica ocorrida pelo equilíbrio de *anima* e *animus*, – propondo um entendimento simplificado que atenda a compreensão das aquarelas a seguir – que representam respectivamente sensibilidade e racionalidade, sentimento e razão. Parto do pressuposto de que a análise feita demonstrará um caminho de desenvolvimento dos alunos no sentido de harmonizar essas duas capacidades humanas, preparando-o para sua vida futura.

O foco deste trabalho é o ensino fundamental e abrange o segundo septênio, no qual uma palavra-chave do ensino é imagem. Inicialmente assumindo o estilo dos contos de fada, das lendas e das fábulas, a natureza e a imagem são uma coisa só. O próprio mito é a realidade vivenciada. Entre o nono e o décimo segundo ano, a imagem torna-se um complemento do mundo sensorial, sendo a essência que se encontra atrás do fenômeno. A alma da criança pode viver nas imagens porque ela quer chegar à essência das coisas. Em um terceiro momento, essa separação entre o mundo e a imagem torna-se mais nítida, e, embora alma ainda possa se expressar por meio se imagens, as crianças aprendem que existe a possibilidade de utilizar imagens conceituais. É a partir daí que surge o trabalho intelectual de transformar as imagens em conceitos verdadeiros.

Para que isso ocorra, a atitude do professor é fundamental. Existe um ideal a ser atingido como docente, o qual poucos atingem plenamente. Entretanto, como todo ideal, ele é colocado como meta a ser atingida. Ao mesmo tempo, o professor precisa ter coragem para assumir suas imperfeições, pois só assim será capaz de tornar o ensino algo *vivo*, espontâneo e alegre. Isso é tão necessário para as crianças como o ar que elas respiram. É o professor que contribui para a formação da imagem que elas fazem do mundo. Para isso ele não é um especialista nos assuntos que trata em suas aulas, mas os aborda de maneira abrangente e universal. Também procura acompanhar as transformações que seus alunos sofrem ao longo desse septênio, para não perder o contato estreito com eles.

Assim, do primeiro ao terceiro ano, ele cria uma atmosfera de calor anímico ao seu redor, por meio dos contos de fadas e das sagas narradas, que abrem um espaço de confiança. O domínio das artes, nessa época por intermédio da música e da pintura, propicia uma atuação vivificante sobre a fantasia infantil, estabelecendo uma linguagem distante de qualquer intelectualismo.

No quarto e no quinto ano, torna-se necessário um conhecimento mais rico sobre a natureza. Um esforço para entender os arquétipos do mundo, para lidar com as profissões mais antigas e para viver a essência das plantas e dos animais. As narrativas biográficas que apresentam os grandes homens do passado enriquecem a vivência anímica do professor e consequentemente a de seus alunos.

Do sexto ao oitavo ano, o professor pode dar provas de sua competência objetiva, por meio do conhecimento das ciências, sem precisar ser especialista, como já foi dito. Profundidade de pensamento e conhecimento prático são importantes ao descrever as ciências naturais, chegando ao nível dos processos de trabalho que se aplicam às tecnologias. Certa disciplina para perceber os aspectos da vida econômica e do dinheiro, bem como da vida que é levada pelos seus alunos fora da escola, sem se prender aos detalhes, mas sabendo qual o meio ambiente que os influencia.

O respeito ao tempo é outro aspecto importante. O processo e a beleza do produto são buscados. Os resultados não têm um caráter meramente cognitivo e o professor tem consciência de que o conhecimento adquirido é o último fruto do processo iniciado com o *fazer*. A atividade correta exige o percurso do aprendizado por meio do qual o aluno adquire capacidades e isso requer tempo. Para isso, é necessário estar atento ao ser individual presente em cada criança. Ao se respeitar o tempo devido ao cumprimento de cada tarefa, visualiza-se o processo vivenciado pelo indivíduo que a executa.

É nesse momento que a Arte se valoriza como método de ensino. Não é possível apressar, não é possível copiar do outro... O processo individual estabelece-se naturalmente e a observação do trabalho de cada um por parte do professor cria a simpatia – o reconhecimento da individualidade que executa a obra e o momento que ela vive em seu aprendizado. A fantasia e a imagem propiciam o contato entre professor e aluno, que se reconhecem nesse processo.

CAPÍTULO 4

A ANÁLISE DAS AQUARELAS

As primeiras 33 aquarelas mostradas aqui são das classes de primeiro e segundo ano. Quase todas elas apresentam apenas cor e nenhuma forma planejada ou intencional. A própria técnica utilizada propicia esse efeito. A intenção é que as crianças vivenciem a cor, e não a forma, conforme a orientação dada pela *Doutrina das Cores*, de Goethe[284].

Segundo Goethe, as cores possuem qualidades capazes de proporcionar vivências emocionais e é essa a intenção no trabalho com a aquarela nessa série escolar. Antes de dominar a técnica, busca-se a vivência do sentimento causado pelas cores.

A criança é convidada a brincar com as cores. O sentido lúdico é motivado pelos contos que introduzem a atividade oferecida.

Assim, cada uma das aquarelas pode ser interpretada como um sentimento ou vários, que podem ser experimentados tanto pelo autor quanto pelo observador.

São as cores primárias que servem para a vivência no primeiro e no segundo ano. A técnica empregada consiste na utilização de papel canson molhado com água em quantidade suficiente para que a forma não possa ser fixada, a menos que a pessoa já tenha experiência com a pintura em aquarela. As tintas são feitas a partir de pigmentos naturais de origem vegetal, pois, de acordo com Steiner[285], as cores vegetais apresentam mais

---

[284] GOETHE, 1993.
[285] STEINER, G.A., p. 291 apud HAUSCHKA, 2003a. As conferências proferidas por Steiner não publicadas em Português às vezes são referenciadas de acordo com o registro no acervo do Goetheanum, como é o caso desta utilizada por Margareth Hauscka.

qualidades luminosas do que as de origem mineral. Com o pincel também molhado pela tinta, obtém-se o resultado da água e da tinta misturando-se em uma fluidez que permite que as cores *escolham a própria forma*. A criança recebe o papel molhado colocado sobre uma prancheta de madeira e tem à sua frente as cores da tinta acondicionadas em pequenos potes, um pincel, um vidro com água limpa e um pano para secar o pincel, que deve ser lavado nessa água a cada mudança de cor. Essa orientação é dada para que a uma cor não *suje* a outra. As atividades sempre são motivadas por uma narrativa – conto de fadas, mitologia, romance, poesia ou mesmo uma biografia – que suscitará as imagens que surgirão no papel diante da criança ou do jovem que seguirá as instruções técnicas, mas conduzida pelo imaginário correspondente à narração feita pelo professor.

> O bom seria pelo menos no primeiro ano você trabalhar apenas a cor, sem representação. Isso se consegue com o uso do papel molhado; você deixa mergulhado na água mesmo, durante algum tempo, uns minutos, que seja. Dependendo do papel eu chegava a deixar de uma aula para outra, uns 40 minutos. O papel fica bem cheio de água e isso não permite formas, faz com que a tinta se abra, se espalhe. A gente não quer que eles façam contorno principalmente na pintura, no desenho também não[286].

---

[286] Profª Riva Liberman, entrevista concedida à autora, 27/09/2006.

4.1 Aquarelas do primeiro ano

Aquarela 1 – Nessa aquarela, foram utilizadas as três cores primárias. O papel molhado pode ser responsável por grande parte do efeito produzido pelas cores, mas a percepção da criança nesse caso parece tê-la levado a colocar as três cores de maneira mais ou menos simétrica, sendo que o azul e o vermelho estão mais presentes na parte superior do papel, enquanto o amarelo se irradia mais pelo centro, tomando uma forma semelhante a um coração cheio de luz. Segundo Goethe, essa é a cor que mais se aproxima dela[287]. É como se o sentimento nascesse no meio do azul e do vermelho. Para Goethe, azul e púrpura (vermelho) são dois extremos da passividade. Pode-se sentir isso na maneira como o amarelo se irradia, penetrando as outras duas cores e causando a impressão de tomar mais espaço com sua luz. No sentido goethiano, essa aquarela estaria bastante harmoniosa, uma vez que, para esse autor, o amarelo, junto com o azul, prescinde do vermelho para alcançar uma totalidade de coloração que traga satisfação real aos sentidos[288]. Do ponto de vista simbólico, encontram-se elementos que sugerem uma experiência primordial com as formas proporcionadas pelas cores utilizadas. Na perspectiva de observadora, posso interpretar essa forma como uma visão do nascimento de alguma coisa, utilizando o referencial teórico proposto por Neumann[289], que remete às imagens primordiais da Uroboros e da Grande Mãe. As formas arredondadas são compatíveis com o primeiro estágio da consciência considerado por esse autor. Cabe lembrar também que o amadurecimento da consciência, segundo ele, segue na ontogênese aquilo que já ocorreu na filogênese. Uma vez que a criança no primeiro ano de uma escola Waldorf está com sete anos completos ou por completar, segundo a cosmovisão antroposófica, ela estaria formando seu corpo emocional, portanto essa vivência com as cores proporciona a ela uma experiência com as formas primordiais, ligadas arquetipicamente com o nascimento. A imagem primordial pode sugerir luz surgindo do confronto entre sombra-azul e

---

[287] GOETHE, 1993, p. 129.
[288] Ibidem, p.133-134.
[289] NEUMANN, Erich. **História da Origem da Consciência**. São Paulo: Cultrix, 1985.

fogo-vermelho. A forma de coração pode sugerir que essa luz é o sentimento que nasce para ser trabalhado durante o segundo septênio. A criança não tem consciência para fazer com que tais formas apareçam no papel, mas o exercício é justamente esse, trabalhar com o sentimento e a vivência, em vez de com a consciência. É a sensibilidade nascente que está sendo trabalhada.

Aquarela 2 – Nessa aquarela, o vermelho predomina, sem, no entanto, comprometer a harmonia. Novamente a forma primordial arredondada aparece, podendo sugerir ao observador uma célula-ovo. De acordo com a *Doutrina das Cores* de Goethe, o vermelho pode ser associado à mãe – nutridora e acolhedora –, enquanto o azul poderia representar o pai – fecundante[290]. As qualidades que aqui acrescento aos genitores são atribuídas pela visão de Neumann, da qual lanço mão mais uma vez. O amarelo aqui pode proporcionar uma impressão de calor, agradável e reconfortante, envolvendo a célula em formação[291]. Pode sugerir um olho, também... No entanto, as cores estão bem equilibradas, dando a impressão de que a pintura iniciou-se pelos cantos, e que no meio de um amarelo que se espalhava pelo centro da folha, um ponto azul foi colocado para compor o centro. As formas sugerem, simbolizam aquilo que o observador quer ver a partir do sentimento que lhe causa o que foi visto. A criança, que não constrói de maneira consciente sua pintura, pois está recebendo o impacto das cores, como observadora também, e daquilo que compõe com elas, vivencia o sentimento tanto quanto o observador casual, ou como aquele que aqui analisa a pintura.

Aquarela 3 – Aqui o vermelho predomina novamente, mas na maneira que envolve as outras cores. Ele contém o azul e o amarelo, ao mesmo tempo em que também é contido por eles, porém não da maneira totalizante que o vermelho os envolve. Formas de multiplicação celular, ou de animais que se escondem em um ninho, podem ser observadas, imaginadas, ainda arredondadas. Inconscientemente, a criança experimenta aquilo que sua imaginação pode trazer do imaginário, ou do

---

[290] GOETHE, 1993, p. 129.
[291] Ibidem, p. 130.

inconsciente coletivo. O que o adulto procura elaborar em conceitos e raciocínios ela não precisa se esforçar por fazer. Ela apenas frui a cor e a forma que proporciona em sua criação. Uma harmonia que não se expressa em palavras, mas nas cores e no sentimento que elas proporcionam. Como o azul e o vermelho trazem aquela passividade sugerida por Goethe[292], há um sentimento de calma, de quietude maior do que nas pinturas anteriores.

Aquarela 4 – O amarelo irradiou-se por todo o papel, envolvendo o azul e o vermelho. Ele permanece como iluminação no centro do desenho, mais forte nos veios superiores de sua irradiação do que nos inferiores. Ao mesmo tempo, é possível perceber um movimento do azul e do vermelho em direção ao centro. A polaridade manifesta-se em uma tensão que vai do centro para os lados do papel e vice-versa. Há um equilíbrio na luminosidade e na sombra, pois as cores se mostram igualmente espalhadas sobre o papel. As formas não são tão arredondadas como nas outras pinturas, talvez devido a essa irradiação do amarelo.

Aquarela 5 – Predomínio do azul, que, transparente, envolve o amarelo, que está levemente sombreado pelo vermelho, que se misturou criando um tênue alaranjado. Dele só se percebe um contorno à esquerda, que ainda assim não foi capaz de contê-lo totalmente: vê-se um pouco do amarelo que ultrapassou o vermelho que tentou contorná-lo. O amarelo no centro sugere um sol, ou, quem sabe, um ser em desenvolvimento. A transparência do azul permite uma sensação de profundidade, como se a forma que o amarelo e o pouco de vermelho sugerem estivesse em um movimento, que tanto pode vir desse fundo como nele mergulhar. Como se a luz estivesse saindo da sombra ou sendo por ela envolvida.

Aquarela 6 – Outra vez o azul predomina, mas aqui ele impõe sua qualidade de sombra, não se deixando penetrar nem pelo vermelho nem pelo amarelo. A verticalidade da imagem lhe dá a força necessária para isso, pois cria uma barreira entre as outras cores. Ao mesmo tempo, ele

---

[292] GOETHE, 1993, p. 138.

retira a vivacidade delas com sua sombra. Não há formas sugestivas para a imaginação, o que indica que nem todo o exercício de cor leva a isso. Por outro lado, a sensação de limite está presente para o observador, se ele associar o sentimento trazido pela sombra com o limite dado pelo azul ao vermelho e ao amarelo. Talvez o papel estivesse muito seco e tenha dificultado o movimento das cores.

Aquarela 7 – O azul outra vez predomina sobre as outras cores, mas apenas por estar um pouco mais intenso. O amarelo talvez tenha sido diluído pelo excesso de água, ou apenas não tenha sido aplicado em maior quantidade. O vermelho que se faz presente em apenas um toque no canto superior esquerdo está mais forte. O encontro das cores dilui-se naquilo que outra vez sugere o excesso de água no papel, causando uma transparência indefinida. O observador pode sentir um desequilíbrio na falta de intensidade do uso do amarelo e do vermelho, que causa a maior intensidade do azul. Outra vez não há uma forma que proporcione uma vivência ou um sentimento mais intenso. A sensação é de que falta alguma coisa para preencher a imaginação e resta o vazio entre as cores... Então é ele – o vazio – que vem trazer alguma luz nessa pintura, mas uma luz sem coloração definida.

Aquarela 8 – Essa aquarela mostra um trabalho mais presente com o pincel. É possível perceber o traçado que se fez na cor azul e em parte do amarelo. O vermelho parece mais fluido, com o movimento dado pela água no papel. Também o amarelo que toca o vermelho apresenta essa característica. A forma fez-se presente por um movimento mais consciente da parte da criança autora da pintura. De qualquer maneira, a harmonia aconteceu, e a forma sugere algo à imaginação, mas não tem o mesmo impacto das primeiras aquarelas, em que ela surgia de um movimento espontâneo da tinta conduzida pela água e não pelo movimento do pincel. Talvez isso tenha ocorrido porque o papel não tenha absorvido a água de maneira uniforme. Então as condições de trabalho proporcionaram as condições da experiência para a criança que executou a pintura. Ela apenas percebeu que podia usar o pincel para espalhar a tinta e dar forma. Exerceu sua criatividade, compensando a dificuldade surgida pelas condições materiais. A forma arredondada aparece, e por estar na cor que ocupa maior área no papel, acaba por chamar a atenção sobre si. Há um arco-íris sugerido nessa forma, também.

Aquarela 9 – Equilíbrio e transparência estão presentes nessa aquarela, apesar do aparente predomínio do azul e da sombra que ele proporciona. Ainda assim, pode-se ver o amarelo em alguns pontos, que, sob a transparência do azul e o vermelho, surge em quantidades suficientes para se fazer sentir no equilíbrio do todo. O colorido diáfano sugere uma imagem de céu depois da chuva, quando o sol teima em ressurgir, em um fim de tarde ou quem sabe no amanhecer... Não há sinal de pinceladas, pois a quantidade de água permitiu o movimento da tinta sem o uso do pincel. A luminosidade do amarelo faz com que, mesmo em menor quantidade do que o azul, ele traga o equilíbrio para a sombra proporcionada por ele. Nota-se que mais uma vez a quantidade exata de água no papel permite que o movimento da tinta aconteça e contribua com o surgimento de formas sugestivas à imaginação, arredondadas.

Aquarela 10 – Predomínio do amarelo nessa aquarela, com veios vermelhos muito claros... O azul é uma sombra dando base à pintura, como se fossem montanhas de onde o sol estivesse surgindo. Os veios vermelhos no amarelo também lembram uma parte de um olho cansado depois de horas de trabalho... Ou um segmento de uma célula vista ao microscópio. À medida que se analisam as imagens, vai-se percebendo como cada uma delas pode ser associada às informações que se tem na memória e que não viriam à consciência sem uma imagem para reativá--las. Ainda se faz presente a forma redonda, primordial, origem da vida.

Aquarela 11 – O predomínio do amarelo dá-se aqui pela sua luminosidade própria. Se fosse possível medir a quantidade de tinta, talvez o azul até tenha sido utilizado em maior quantidade, mas está tão leve e transparente que não chega a transmitir seu efeito de sombra. O vermelho contribui para reforçar a luz do amarelo, dando uma qualidade de fogo, como em um amanhecer ou na aurora boreal, na qual a intensidade da luz é mais impactante do que a sombra na qual ela se insere. O movimento nessa aquarela foi dado novamente pela quantidade de água no papel.

Aquarela 12 – Nessa aquarela, o azul sozinho consegue criar uma paisagem com a gradação obtida. Pode-se perceber uma base mais forte, que seria a terra, e o céu na parte superior, um pouco mais clara e luminosa. Talvez haja um leve toque de amarelo nesse céu, mas não é possível afirmar realmente. Percebem-se algumas pinceladas, mas o efeito de gradação foi conseguido mais pelo movimento proporcionado pela água no papel do que pelo pincel.

Aquarela 13 – Nessa aquarela, a monocromia do azul sugere apenas o céu, ou talvez uma névoa, nuvens... Leveza etérea...

Aquarela 14 – Aqui a transparência do vermelho lhe confere a leveza necessária para equilibrar-se com o amarelo. Este aparece mais intenso, mas sua luminosidade apaga-se um pouco pelo fogo brando oferecido pela quantidade e transparência do vermelho. Fogo e luz? Não há forma sugerida pela imagem. Só uma sensação... Uma lembrança... Talvez de uma boca de vulcão...

Aquarela 15 – As gradações de vermelho nessa aquarela remetem às afirmações de Goethe[293] sobre o efeito singular dessa cor. Segundo ele, é possível que a cor vermelha proporcione tanto seriedade e dignidade quanto benevolência e graça. O primeiro caso ocorre quando ela está escura e condensada, enquanto o segundo se dá caso ela esteja clara e diluída. O curioso é que essa criança conseguiu um efeito mais claro na parte em que intensificou a cor e transparência, ou diluição, em um tom mais escuro, que está na parte inferior da pintura. Ainda assim, é inegável que o vermelho traz esta nota de dignidade e sobriedade apontada por Goethe.

---

[293] GOETHE, 1993, p. 134.

Aquarela 16 – Se o céu e as nuvens fossem vermelhos seriam assim? O ponto central mais intenso sugere que a nuvem e a transparência em torno podem ser o céu. Mais uma vez o vermelho traz uma aparência de seriedade e calma, como se fosse necessária outra cor para que ele adquirisse outras qualidades, como a de fogo.

Aquarela 17 – Aqui também a imagem que surge é de um céu transparente e róseo em que se pode ver uma luminosidade central, como se fosse possível um mergulho ascendente nessa luz. Goethe diz que um ambiente vermelho (púrpura)[294] é sempre grave e solene.

Aquarela 18 – O amarelo sozinho também perdeu um pouco de sua luminosidade. Aqui não há forma nenhuma, somente intensidade de cor e uniformidade.

4.2 Aquarelas do segundo ano

A partir da próxima aquarela, há trabalhos do segundo ano, em um exercício descrito pela professora Riva em sua entrevista. A luz e a sombra vão se encontrar, mas a sombra promete à luz que não vai manchá-la... A luz está representada pelo amarelo, enquanto a sombra surge com o uso do azul. Alguns trabalhos têm um toque de vermelho. Nem todos os alunos conseguem vivenciar o que foi proposto, mas a experiência é válida mesmo assim, pois cada um tem seu tempo.

> A partir do segundo ano é que se pode começar a dar misturas... Ou terceiro... Depende, depende um pouco da classe e do professor de classe. Eu, por exemplo, não aguento, eu misturo logo no final do primeiro ano. Quando tinha minha classe, mas se der para segurar talvez seja interessante. Porque no terceiro ano existe a época do Velho Testamento em que você pode partir da criação

---
[294] GOETHE, 1993, p. 134.

do mundo, fala da separação da água e da terra, do surgimento das plantas, dos animais. Então você vai criando cores para representar isto, não é? Mas na aquarela não se precisaria necessariamente representar, porque se exige o domínio de uma técnica muito apurada... Então pode se fazer isso através da cor mesmo, mas a criança também não aguenta muito, sabe? Se você conta uma fábula ela quer desenhar o lobo, o carneiro, seja o que for pintar... A gente deixa, não é também assim, como numa cartilha[295].

Aquarela 19 – Sol, céu e mar. Essa composição de cores e formas parece sugerir um sol que deixa o céu rosado a sua volta e o azul pode indicar em sua gradação o mar e o céu ao longe, dando uma sensação de profundidade. Quase parece que o sol não atinge todo o céu e o mar azul, pois há uma sensação de quebra entre esse céu e mar e o sol e o rosado em seu redor.

Aquarela 20 – Aqui o azul está tão leve e transparente que nem chega a cobrir o branco do papel em algumas partes. Não encontra a luz do amarelo – que pode ser comparada com um sol, ou estrela – e então o azul não causa o efeito de sombra. Ainda assim, o produto final é agradável. "*A criança não consegue trabalhar a sombra, pois ainda vivencia muita luz*"[296], de acordo com a interpretação da Pedagogia Waldorf.

Aquarela 21 – Nessa pintura, luz e sombra equilibram-se. Embora a luz do amarelo se apresente em maior quantidade, como um sol, o azul penetrando e contrastando, com sua sombra, os raios luminosos equilibra a ambos. O movimento é dado pelas pinceladas, que podem ser percebidas, especialmente na cor azul. Um pouco de verde faz-se notar na superposição das cores que ocorre sem que uma "suje" a outra. Esses elementos todos sugerem que a criança autora consegue lidar melhor com o surgimento da sombra, sem perder a qualidade da luminosidade.

---

[295] Prof.ª Riva, entrevista citada.
[296] Idem.

Aquarela 22 – Aqui também se pode dizer que luz e sombra se equilibram, atingindo o objetivo do exercício. Mais uma vez, o amarelo toma a forma do sol e o azul o limita com sua sombra. Nota-se um pouco de verde e acinzentado.

Aquarela 23 – O amarelo predomina com sua luz. O azul é tênue, quase transparente e com uma qualidade levemente rosada, como céu de fim de tarde. É quase um começo de sombra, mas ainda não chega a sê-lo.

As aquarelas seguintes fazem parte de exercícios que falam do ciclo da água, a *história da gotinha de água* citada pela professora Riva. Fazem parte do currículo do segundo ano e leva a uma série de vivências sobre o ciclo da água na natureza, o que dá margem ao aparecimento da chuva e da baleia.

Aquarela 24 – Aqui a criança autora já vê o ambiente em que vive um animal aquático, a baleia, e com um pouco de vermelho consegue um tom violeta e cria essa baleia que está esguichando água. Como a água é azul, o amarelo toma o lugar do céu, sem prejuízo do entendimento, uma vez que representa o ar e a luz.

Aquarela 25 – Nessa pintura, pode-se apreciar uma bela combinação de tons e nuances criadas com as três cores primárias. É um céu de amanhecer ou talvez um crepúsculo. Pode-se perceber algumas pinceladas, mas também o efeito da tinta se abrindo no papel molhado causa esse efeito final bastante belo.

Aquarela 26 – Novamente luz e sombra, com o predomínio da luz. Há pouco azul e ele quase não causa sombra. É um céu diurno, em que o azul tem algumas nuances de verde, onde se sobrepõe com o amarelo.

Aquarela 27 – Aqui nessa aquarela o amarelo e o azul quase que não se encontram. Há espaços em branco e o papel parece que estava muito seco, pois não há o movimento de abertura da tinta. Pode-se perceber que ela foi espalhada com pinceladas. Não se consegue ver o efeito de luz e sombra. Parece um sol, na verdade.

Aquarela 28 – Aquarela com predominância de luz. A transparência obtida pela pouca quantidade de cor, tanto azul como amarela, causa esse efeito de pura luz. Mais uma vez a criança ainda não é capaz de vivenciar a sombra objetivada pelo exercício.

Aquarela 29 – Apesar da predominância do azul, outra vez não foi obtido o efeito de sombra nessa aquarela. Há muita leveza e muita transparência para que isso possa ocorrer. Parece que a própria sombra tem luz.

Aquarela 30 – Dessa vez, o azul predomina e há um ar de tempestade nesse mar onde a baleia se encontra. Ou talvez de céu nublado, um prenúncio de chuva... Há um toque de vermelho dando uma nuance arroxeada ao animal.

Aquarela 31 – Essa baleia quase que toma todo o espaço no ambiente da aquarela. Até o mar parece mover-se criando ondas a sua volta, com seu movimento natatório. O céu, muito amarelo, equilibra a quantidade de azul utilizada para o mar e para a baleia. A nuance de vermelho parece que está nesse céu, tornando-o levemente alaranjado.

Aquarela 32 – Nessa aquarela tudo está muito claro e luminoso. Tanto o azul como o amarelo transmitem qualidades luminosas. E o vermelho dá um tom rosado ao céu em seu encontro com o mar.

Aquarela 33 – Nessa aquarela, vemos novamente o efeito do amarelo quando ele aparece sozinho. Toda a luz que costuma emanar naturalmente dessa cor desaparece. Ele precisa do azul e do vermelho para brilhar. Sem eles o amarelo se torna opaco e sem vitalidade.

4.3 Aquarelas do terceiro ano

Nas próximas aquarelas, segue-se um exercício do terceiro ano, no qual os alunos desenharam mangueiras, em flor ou carregadas de frutos, árvores frondosas e plenas de vida... No desenvolvimento do trabalho com as cores na Antroposofia, recomenda-se a observação da natureza, devido à riqueza cromática oferecida pelo mundo vegetal. O esplendor das flores, o jogo de luzes das gotas de orvalho e a disposição das cores da aurora ou do crepúsculo ou, ainda, o encanto do fenômeno do arco-íris, proporcionam exercícios cromáticos muito utilizados[297]

> Porque no terceiro ano existe a época do Velho Testamento em que você pode partir da criação do mundo, fala da separação da água e da terra, do surgimento das plantas, dos animais. Então você vai criando cores para representar isto, não é? Mas na aquarela não se precisaria necessariamente representar, porque se exige o domínio de uma técnica muito apurada... Então pode se fazer isso através da cor mesmo, mas a criança também não aguenta muito, sabe? Se você conta uma fábula ela quer desenhar o lobo, o carneiro, seja o que for, pintar... A gente deixa, não é também assim, como numa cartilha[298].

Aquarela 34 – Nessa pintura, pode-se perceber que o número de cores utilizado já é maior. Não há somente as cores puras ou, como são mais conhecidas, as cores primárias, mas, sim, a combinação delas para a obtenção de novas cores e tonalidades. Surgem o verde e o marrom e uma gradação de suas tonalidades como também existem na natureza. A observação infantil começa a ser exercitada no sentido de reproduzir a natureza vivenciando-a pelas cores. Não são feitos contornos para colorir. A forma surge a partir da cor como antes, agora, porém mais definida, pois existe uma intenção de fazê-lo.

---

[297] HEIDE, 2003.
[298] Profª Riva, entrevista citada.

Aquarela 35 – Nessa aqui, a forma já não surgiu com tanta facilidade. Vê-se a dificuldade em lidar com a técnica. O papel mais molhado permite pouco domínio da forma. A criança começa a perceber que nem sempre consegue o resultado esperado. São três os elementos que devem ser equilibrados: o papel molhado, o movimento da tinta e a mistura das cores para obtenção de novas cores e tons. Mas o exercício prevalece e não é cobrado o resultado. A beleza continua surgindo aleatoriamente. Outro dado que pode ser notado é o aproveitamento do espaço do papel, a relação da observação e sua transposição para a pintura, que só é adquirida com o exercício da expressividade artística por muitos anos ao longo do desenvolvimento infantil.

Aquarela 36 – Apesar de a cor estar um pouco diluída, as formas apresentam-se suficientemente definidas para perceber a mangueira e seus frutos. É o primeiro desenho que traz tons de azul. A cerca está bastante transparente pela diluição da tinta. Há terra e mato por cima, mostrando que a criança quis reproduzir detalhes.

Aquarela 37 – Aqui o emprego da forma e da mistura das cores está mais equilibrado, e o espaço também está bem aproveitado. Apenas um pouco da árvore escapa no alto da folha de papel. Como em todas as pinturas até aqui, é importante notar que a forma é apenas sugerida, mesmo quando já existe a intenção de trabalhar com ela. Por isso ainda se trabalha com o papel bastante molhado, permitindo que a criança ainda vivencie principalmente as cores e sua mistura. Forma e espaço, apesar de já surgirem equilibrados em vários exemplos, ainda são secundários.

Aquarela 38 – Nessa pintura, a figura sobrepôs-se ao fundo até escondê-lo totalmente. A forma está difusa, os frutos da mangueira cresceram desproporcionalmente. Há muita água e o movimento da tinta não pode ser controlado adequadamente. As cores também se misturaram além do necessário.

Aquarela 39 – Essa aquarela parece um exercício para criação de um ambiente, como os que serão analisados nos próximos slides. Apresenta misturas de cores que sugerem terra e céu.

4.4 Aquarelas do quarto ano

> Agora, nos quarto, quinto e sexto anos já é uma outra coisa, porque aí já estão representando mesmo e, especialmente no sexto ano então, a gente já fala de perspectiva de cor.
>
> No quarto ano, na verdade já pode ocorrer desde o primeiro, mas é no quarto ano que eles começam a representar. Nunca se trabalha com contornos: vai pintar o bicho, faz primeiro o contorno para depois preencher... Isto não acontece. Trabalha-se a partir do ambiente do bicho. Por exemplo, você vai falar de um bicho na floresta – é muito impressionante isso, porque naturalmente aparece o lugar onde está o bicho. A partir sempre do ambiente, sem contorno nenhum. É muito impressionante: o ser ou o bicho, seja lá o que for, aparece naquele ambiente que você criou para ele e então se vai trabalhando para que isso se coloque em evidência. Muitas vezes se começa só com massas de cores, só para representar o ambiente, então verdes aqui, amarelos não sei onde, azul para o céu... É, e aí se olha aqui dá uma palmeira, aqui uma outra árvore, não sei como, aqui dá um pássaro[299].

A sequência que se inicia na próxima aquarela traz o exercício de encontrar o animal a partir do fundo criado para ser seu ambiente. Trata-se de uma atividade desenvolvida por alunos do quarto ano e que também foi descrita pela fala de professora Riva[300]. A partir das camadas formadas pelas cores, ou

---

[299] Professora Riva, entrevista citada.
[300] Idem.

de manchas deixadas por sua mistura, qualquer coisa que possa sugerir qualquer coisa que surja no ambiente e o animal que viva nele pode aparecer. As cores usadas são amarelo-limão, zinabre (alaranjado), carmim, azul Prússia e azul ultramarino. Não há sugestão de ambiente e de animal específico. O que ocorre é que as crianças estão estudando, com o professor de classe, nessa série, a Zoologia. As relações dos animais com seu habitat são narradas, ressaltando-se as qualidades que possibilitam sua sobrevivência nesse ambiente. A imaginação das crianças encarrega-se de criar o ambiente por meio das cores utilizadas, suas misturas e múltiplas possibilidades de encontrar os animais sobre os quais ouviram durante as aulas.

Aquarela 40 – Temos nessa pintura o uso das três cores primárias para criar o ambiente para o bicho, que surge caminhando. Nota-se que não há contornos, como nas aquarelas que foram observadas até aqui. O animal aparece como resultado de uma mancha de cor que vai se transformando com o movimento dessa cor.

Aquarela 41 – O ambiente nessa pintura já apresenta uma mistura de cores mais elaborada, apresentando um tom de lilás ao fundo como céu, e o mato verde criando o solo por onde o animal caminha. Uma flor aproveita as cores que já foram misturadas e surge do ambiente como o bicho. Os contornos desse já são mais definidos, bem como o de toda a pintura.

Aquarela 42 – Aqui o azul cria um ambiente marinho e o vermelho sugere um polvo com seus tentáculos. Uma leve mistura entre o azul e o vermelho forma os olhos do animal.

Aquarela 43 – O zinabre (laranja forte) e o azul ultramarino formam as cores e o ambiente nessa aquarela. O animal parece imerso em um riacho pela diluição do verde, que se situa sob seus pés. Há algo que pode se assemelhar a uma tentativa de colocar-lhe uma juba ao pescoço e uma cauda que chega a lembrar outro animal que o estivesse atacando.

Aquarela 44 – O ambiente suave, de verde e azul muito claro, sugeriu o aparecimento de um animal que parece um elefante de tom avermelhado.

Aquarela 45 – O ambiente em vermelho e amarelo sugere um leão com sua juba, sentado em sua majestade felina...

Aquarela 46 – Nesse ambiente, o animal surge bem ao centro. A forma está um pouco diluída pelo excesso de água, mas é possível percebê-lo. Terra, mato e céu estão definidos pelas cores que a eles correspondem. Talvez um elefante, talvez um cão peludo, surgindo de uma nuvem de poeira.

Aquarela 47 – Nessa pintura, o ambiente, embora apresente cores claras, está bem definido. Uma leve sombra sugere o animal sob a palmeira nesse oásis.

Aquarela 48 – Outro ambiente que permitiu o surgimento de um leão em tons amarelos e vermelhos.

A próxima sequência mostra várias representações da Árvore da Vida, *Yggdrasill*. Na Mitologia Nórdica, foi onde Odin ficou pendurado por nove dias e nove noites em sacrifício para adquirir sabedoria. A mitologia de todos os povos faz parte do aprendizado na escola Waldorf, sendo que esse tema é desenvolvido pelos alunos do quarto ano.

Aquarela 49 – Nessa aquarela, *Yggdrasill* aparece sem folhas. Em uma parte da narrativa mítica, Odin retira um dos galhos para construir uma lança e depois disso a árvore começa a secar. A criança pode ter desejado retratar esse momento. Há verde no solo e o fundo rosado sugere um amanhecer, talvez um crepúsculo. O contorno ainda não está muito definido, mais uma vez apontando para o excesso de água, ou mesmo para a quantidade de tinta que foi colocada na mistura para a obtenção do marrom. Essa mistura não está homogênea, apresentando manchas, respingos de água, talvez.

Aquarela 50 – Aqui o colorido apresenta-se totalmente difuso, misturando as cores sem alcançar a forma desejada. Só o conhecimento do tema pode ajudar o observador a entender a tentativa de chegar à proposta. Talvez o excesso de água e de tinta tenha causado esse resultado.

Aquarela 51 – Também aqui se pode notar o excesso de água, dificultando a obtenção da forma. Nessa aquarela, porém, a criança configurou a árvore, ainda que o tronco esteja mais vigoroso do que a folhagem. Há muitas manchas na mistura, causadas por gotas d'água durante o manuseio do pincel.

Aquarela 52 – Aqui a forma surge, embora o colorido esteja misturado ao ponto de que o verde se sobreponha ao marrom, quase fazendo com que ele desapareça. O céu está azul e o vermelho rosado aparece como solo, frutos e nuvem. Não há pingos de água sobre a pintura, deixando o colorido mais uniforme.

Aquarela 53 – Nessa aquarela, a forma e a mistura de cores estão mais bem-equilibradas. Os contornos estão definidos e podem-se ver seres, possivelmente as Nornas, Deusas do Destino, filhas de Erda, a Deusa da Sabedoria. Elas são guardiãs da árvore e ressentem-se quando Odin retira o galho para confeccionar sua lança. Em torno da árvore, elas surgem representadas nos tons de rosa e amarelo. O céu está azul.

Com essa pintura seria possível retornar às anteriores e reinterpretá-las. Cada criança tem o seu tempo para dominar o uso de cada técnica e a perspectiva que é necessária para expressar aquilo que foi sugerido pelo tema, muitas vezes fornecido pela narrativa de um conto ou mito. A necessidade de trabalhar com a cor e as dificuldades que o material oferece – aquarela e papel molhado – permitem que esse aprendizado ocorra de forma gradativa, dentro desse tempo individual.

4.5 Aquarelas do quinto ano

Com a próxima sequência, inicia-se a observação de trabalhos dos alunos do quinto ano. Nessa época eles vivenciam a Época da Grécia. Nela são narrados os mitos e inicia-se a história grega, com fatos representados com prática dos Jogos Olímpicos e de um banquete com comidas típicas. O Egito é estudado e as pirâmides também são expressas aqui. Também temos a Época de Botânica e as narrativas bíblicas do Velho Testamento – ressaltando-se a representação de Moisés na Travessia do Mar Morto – fazem parte da produção coletada no quinto ano.

Aquarela 54 – Essa representação do Parthenon em azul está cheia de luz entre suas colunas. O tom obtido no azul permite, com sua transparência, que essa luz se intensifique. A forma é bem definida e nota-se que o papel usado já está mais seco do que nas atividades anteriores. O azul pode sugerir a frieza da pedra da qual é feito o templo.

Aquarela 55 – Aqui a luz predominou sobre o azul, tornando praticamente invisível a parte superior da construção do Parthenon. Dessa maneira, parece que a luz vem do alto.

Aquarela 56 – Nessa pintura vemos uma paisagem desértica com duas pirâmides próximas uma da outra. Elas inserem um elemento de perspectiva no ambiente, com sua forma bem definida como bem definidas estão as pedras que a compõem. Sua cor vermelha alaranjada sugere o calor desse deserto, enquanto o amarelo da areia reflete a luz solar, transmitindo uma sensação do clima reinante na paisagem.

Aquarela 57 – Nessa pintura, pode-se sentir o calor do ambiente nas cores, como na anterior. Os contornos, porém, estão diluídos, não permitindo perceber tão bem as pedras e a perspectiva da forma piramidal em meio ao deserto.

Aquarela 58 – A aquarela traz um tema da época de botânica, expressando duas flores, uma em azul e outra em vermelho, com suas folhas verdes, em um fundo azul de céu muito claro. Há contornos definidos denotando o domínio da técnica na medida suficiente para dar expressão ao tema sem perder-se na diluição das cores e da água.

Aquarela 59 – Nota-se nessa pintura que o amarelo devia estar mais seco quando o vermelho foi colocado. Não tanto que não permitisse um leve movimento nas bordas das pétalas, mas o suficiente para não perder a forma das flores. O verde por sua vez mostra uma superfície transparente, como uma camada sobreposta no último momento do exercício. Ou terá sido o azul dos miolos das flores o derradeiro movimento?

Aquarela 60 – Nesse exercício se percebe uma retomada das três cores primárias para iniciar a mistura: vermelho na lateral esquerda, azul no canto inferior direito e amarelo no superior. O azul une-se ao vermelho e dá um tom violeta ao solo enquanto seu encontro com o amarelo produz o verde do caule e das folhas da flor, vermelha... Ao alto, o amarelo sugere a luz do sol. No alto, à esquerda, forma-se um alaranjado no encontro entre o vermelho e o amarelo.

Aquarela 61 – Aqui se nota o mesmo movimento da pintura anterior, com a utilização das cores primárias na mesma sequência: vermelho à esquerda, azul à direita canto inferior, amarelo à direita, ao alto. As cores estão mais suaves, talvez o papel mais seco, pois há um movimento perceptível do pincel, especialmente no azul e nos caules e folhas. Neles se nota que o azul e o amarelo se superpõem sem misturar-se totalmente para compor o verde.

Obs.: as aquarelas a seguir foram coletadas na sala do quinto ano. Mas, de acordo como currículo Waldorf, o tema delas – narrativas sobre o Velho Testamento – poderia ser conteúdo de terceiro ano. Como conteúdo de pintura, a elaboração não poderia ser feita por alunos do terceiro ano. Pode ter havido um deslocamento de temas de uma série para outra, o que pode ocorrer devido ao fato de que o professor de classe acompanha a turma por oito anos e tem condições de decidir ligeiras mudanças coerentes com o amadurecimento de sua turma. Também pode ter sido usado o tema de uma aula de religião. A professora Riva afirma que não há uma cartilha rígida a ser seguida.

Aquarela 62 – Moisés anunciando o recebimento das Tábuas da Lei. Aqui já se percebe um domínio de cor e forma que permite expressar pessoas, ambiente e céu. Por trás da figura de Moisés, há uma coloração de fogo, representando a presença de Deus. Abaixo, as pessoas que aguardam que o profeta retorne de sua meditação no alto da montanha. Pensando nas dificuldades de trabalhar com cor e forma encontradas até aqui, na trajetória do aluno Waldorf, pode-se considerar que a riqueza de detalhes pressupõe um bom domínio das técnicas aprendidas até agora. Há várias misturas de cores, a complexidade da representação da figura humana, com vestimentas, cabelos, barba, rosto. Enfim, apesar de ser apenas uma expressão por meio dos procedimentos artísticos, e não arte pelo seu puro exercício, há que se considerar a complexidade da pintura nessa faixa etária.

Aquarela 63 – Essa pintura tem o ambiente árido em que se passam as cenas do Velho Testamento. O homem e seu animal surgem desse ambiente com a naturalidade esperada.

Aquarela 64 – Aqui a multidão em fuga do Egito aguarda a invocação de Moisés para que as águas do Mar Morto se abram para permitir sua passagem. Moisés aparece no meio da cena, como se estivesse envolto na água. Novamente a complexidade das misturas e traços se faz notar, comprovando o domínio adquirido pela criança.

Aquarela 65 – Nessa cena aparentemente está ocorrendo algo de numinoso, milagroso... A atitude das pessoas é de meditação e veneração, enquanto das mãos do profeta emana um fluxo de energia que pode ser visível nas pinceladas, na direção delas.

Aquarela 66 – Nessa pintura temos novamente a cena de Moisés quando recebeu os Dez Mandamentos do Senhor. Ele aparece em maior destaque do que a multidão, em vez de estar em uma divisão de espaço equilibrada. A semelhança da cena sugere que sejam duas tentativas da mesma criança, se for comparada com a aquarela 62.

Aquarela 67 – Essa aquarela representa a cena do Mar Morto se abrindo para permitir a travessia dos judeus em fuga do Egito, conduzidos por Moisés. O mar revolto e escuro está expresso em cor marrom, algo entre terra e areia. O céu de um azul acinzentado expressa a tempestade que se formou com o levantamento das águas. A natureza está em fúria divina para proteger os homens tementes a Deus.

Aquarela 68 – Aqui um recorte em detalhe da aquarela 66, em que o fluxo de energia das mãos do profeta fica bem visível.

Aquarela 69 – Nessa aquarela se repete o tema, mas é possível perceber que a criança não tem o domínio da técnica. Sua pintura não chegou a ser completada ainda e o papel parece que estava seco demais.

4.6 Aquarelas do sexto ano

[...] especialmente no sexto ano, então, a gente já fala de perspectiva de cor. Aí já se torna uma coisa bem consciente, porque eles já usam a forma e você já pode falar para os alunos: "olha, quando você vai pintar uma coisa que tenha planos, procure colocar, por exemplo, os vermelhos e os laranjas, o azul Prússia, mais na frente; os outros vão mais atrás". Isto já vai dando a eles certo distanciamento, dando vários planos na pintura. No sexto ano a criança já se torna ultraconsciente.

Bom, no sexto ano, uma das técnicas utilizadas para esta aula de perspectiva de cor – não precisa ser essa – mas é uma delas; pinta-se pedacinhos de papel com as cinco cores, coloca-se na lousa de uma forma aleatória, podendo se pintar também em várias gradações de cores. Aí se pede para que a classe verifique que cor parece mais perto, que cor parece mais longe. Então eles vão percebendo e estabelecendo essa gradação de cores, que não é também uma lei cem por cento obedecida pelo grupo todo... Porque você pode ter um laranja lá no fundo – e está lá no fundo – mas isso depende da vizinhança do laranja, e só com muita prática... Você começa a fazer exercícios aplicando estas leis. À medida que o tempo vai passando eles vão saber que eles podem usar mesmo aquelas cores que, eventualmente, 'puxariam' tudo para o primeiro plano, podendo ser usadas em último plano, mas isso depende do que se usa. Mas existe uma lei inicial, digamos assim[301].

A seguir, iniciam-se os exercícios do sexto ano. Pode-se notar que o uso das técnicas está bem mais seguro, resultando em um produto final bem mais elaborado, com forma mais definida. Olhando para as outras atividades que os alunos vêm exercitando com outras artes além da pintura, como o bordado em ponto cruz, o desenho a carvão, a aprendizagem da geometria, pode-se vislumbrar como elas influenciam o olhar da criança que observa o mundo para depois expressá-lo com o pincel. O início daquilo

---

[301] Profª Riva, entrevista citada.

que a professora Riva mencionou em sua fala como sendo a perspectiva de cor. Trabalha-se com os variados tons de uma cor e com várias cores para se obter as noções de perto e longe, ou seja, da distância que cada uma proporciona visualmente. A perspectiva surge primeiramente por meio da cor, assim como a forma surgiu. Ainda não há o domínio perfeito da tinta e da água, pois é possível perceber as gotas e manchas, não só nestas como nas outras pinturas anteriores. Mas a definição de formas e figuras é muito mais elaborada. A consciência está cada vez mais aflorada para observar o mundo exterior.

Aquarela 70 – Nessa pintura se vê como as massas de tons marrons se sobrepõem e formam o solo com um aspecto de inclinação e de profundidade. Da mesma maneira, as árvores estão dispostas em uma angulação que permite ter a mesma impressão. O céu acompanha a mesma noção de espaço e seus diversos tons de azul também complementam a sensação de profundidade.

Aquarela 71 – Nessa aquarela se vê até como o aluno compôs a casca da árvore à direita. Seja propositadamente ou de maneira aleatória, a verdade é que o movimento da tinta marrom deixou a sensação de que as manchas representam o desenho do tronco. O solo apresenta diversos tons de verde e marrom como se fossem várias camadas, dando a impressão de profundidade até alcançar as montanhas ao fundo. O céu e as folhas das árvores também dão essa impressão, compondo uma paisagem agradável e viva.

Aquarela 72 – Composição interessante de uma fileira de árvores ao longe. Só se vislumbra o céu ao fundo e os tons amarelos em meio às folhagens sugerem a luz do sol, que também se reflete no chão, em alguns pontos. Este, por sua vez, apresenta tons de verde e marrom compondo terra e grama.

Aquarela 73 – Um trenzinho colorido com sua carga, fazendo fumaça no céu azul. As formas são bem definidas, mostrando o resultado das aulas de geometria sem instrumentos, conforme relatado pela professora Marta, do quinto ano, em sua entrevista. As cores apresentam-se um pouco sujas pelo manejo da cor cinza. Ou talvez seja para representar a sujeira causada pelo carvão no trenzinho...

Aquarela 74 – Essa flor destacou-se pela beleza e solidão em meio aos outros desenhos. O traço é suave e as cores levemente misturadas, o amarelo sobra nas bordas do verde, deixando uma luz, que se encontra mesclada no céu azul também, à guisa de sol.

Aquarela 75 – Outro trenzinho, dessa vez todo cinzento, em meio a uma paisagem composta por mato alto em torno dos trilhos e terra seca ao fundo com algumas árvores mais distantes. O céu arremata o fundo. O mato também dá impressão de secura, pela mistura de verde e marrom feita com movimentos verticais. Nota-se outra vez a presença das noções de geometria.

Aquarela 76 – Aqui um lago azul com barquinhos à vela. A geometria está presente neles e na linha do horizonte apenas levemente recortada pelas montanhas suaves e regulares. O céu é crepuscular e rosado e umas poucas árvores de um bosquezinho concentrado em uma delas. Pode-se também ver algumas arvorezinhas esparsas ao longe, no canto direito.

Aquarela 77 – Aqui se vê uma maior dificuldade em dominar os efeitos da água sobre o papel e o movimento da tinta. Isso afeta levemente a retidão da linha do horizonte e das velas dos barquinhos, mas ainda é possível ver o efeito da geometria. A água apresenta uma coloração verde marrom pelo movimento que a tinta das margens fez devido ao excesso de água na tinta em si, porém o efeito produzido sugere que existem plantas sob a superfície. O céu talvez tenha ficado muito cinzento em comparação com a água.

Aquarela 78 – O azul do lago está forte e o amarelo do céu sugere um sol luminoso. As montanhas são de um tom marrom intenso coberto em parte por um verde acinzentado. Os barquinhos têm velas um pouco grandes demais para o seu porte, deixando-os mais parecidos com bandeirinhas sobre boias à primeira vista.

4.7 Aquarelas do sétimo ano

A seguir temos uma sequência de aquarelas feitas com o tema da Divina Comédia pelo sétimo ano. Cabe aqui registrar que apenas no sétimo ano pude ter acesso a toda uma produção de aquarelas do exercício com a obtenção da cor cinza. Foi uma coincidência feliz, eu creio, pois me possibilitou o contato com uma fase muito importante, quando os jovens iniciam o mergulho na sombra, como caminho de amadurecimento. O mundo já não apresenta apenas luz e isto se reflete na produção das pinturas. O Eu individual de cada jovem vai surgindo por essa época e vai deixando cada vez mais sua marca na produção, tanto por meio da cor, como nas formas.

> Nas classes do sétimo e oitavo ano, que são classes mais adiantadas, pode-se fazer uso de uma técnica mais estruturada fazendo acabamento a lápis depois da aquarela seca. Se bem que depende sempre do amadurecimento da classe, que pode ocorrer mais cedo[302].

Aquarela 79 – Cena da *Divina Comédia* de Dante, na qual está representado o purgatório. A riqueza de detalhes é muito maior do que se viu até então. O céu tem uma gama de cinzas e de azuis variada, o mesmo acontecendo com a vegetação, que apresenta uma gradação de verdes que vão dos cinzentos aos vivos e alcançando os amarelecidos pelo tempo de vida das folhas. Tons de terra, flores, uma árvore ressecada em tons de cinza violáceo. As figuras humanas que caminham em

---
[302] Profª Riva, entrevista citada.

expiação pela cena desse purgatório trazem vestimentas pregueadas com detalhes e seu tom fantasmagórico de almas desencarnadas é evidente e foi muito bem trabalhado. Nota-se que a capacidade ou habilidade de elaborar artisticamente a pintura aumentou muito com a chegada ao sétimo ano.

Aquarela 80 – Nessa cena Beatriz colhe flores às margens do rio. Os detalhes de sua roupa e a delicadeza das flores, a ondulação dos seus cabelos dourados, tudo está muito bem expresso, tanto pelo trabalho das pinceladas quanto pelo uso da tinta, em quantidade e em tonalidade. Novamente a riqueza de detalhes e a harmonia entre eles denotam o amadurecimento do autor ou da autora da pintura.

Aquarela 81 – Beatriz aqui banha Dante nas águas para que seja purificado e possa seguir por alturas maiores até o paraíso. Há muita suavidade no traçado e no uso das cores. Beleza e graça na figura de Beatriz completam a expressividade dessa aquarela.

Aquarela 82 – Nessa aquarela o resultado obtido foi outro, pois o papel estava muito seco. As cores estão mais fortes, o traçado mais marcado. As formas do vestido estão deixando notar os contornos, de maneira que não se percebe a leveza etérea que o ambiente do purgatório requer e, sim, uma beleza mais terrena. Também as árvores estão como que estáticas, não possuem movimento, e o mesmo ocorre com a água. Se não fosse Beatriz de Dante, a beleza do quadro poderia ser percebida de outras formas, sem considerar a qualidade etérea no ambiente.

Aquarela 83 – Esses caminhantes do purgatório também carecem da qualidade etérea de almas em expiação. O traçado está mais infantil e arredondado nessas figuras. A mistura de tons e cores, entretanto, está harmoniosa e denota um domínio da técnica da aquarela por parte do autor.

Aquarela 84 – Criou-se o ambiente aqui nessa pintura, porém não as figuras humanas. Talvez esteja inacabada, ou essa ausência seja intencional. É importante perceber que os detalhes em cor e perspectiva estão muito bem elaborados e transparecem o amadurecimento do autor. A linha do horizonte na divisão entre as montanhas azuis e verdes, o céu muito claro ao longe, as pequenas flores retratadas em cores vivas nas moitas em primeiro plano, dão um ar alegre de cena campestre.

Aquarela 85 – Duas casas em um jardim florido, com muitos detalhes e misturas de cores. Muitos verdes e rosas na relva e nas flores, amarelos e vermelhos dando tom aos telhados e tijolos das paredes. Galhos azuis nas árvores floridas, tornando-as mais alegres. Luz e sombra são trabalhadas com as tonalidades de cor e com o uso do amarelo. Este, em meio às árvores floridas, pode representar a luz do sol penetrando em meio à floração ou sugerir flores amarelas. Tudo leva a crer que o autor tem um amadurecimento compatível com o manejo dessa luz e dessa sombra.

A partir da próxima aquarela, inicia-se o trabalho para a obtenção da cor cinza, descrita pela professora Riva na entrevista. Cabe lembrar que esse cinza é obtido pela mistura das cores e não pela mistura do preto e do branco, que não são utilizados pelos alunos na aquarela. Também é importante o fato de que o tom cinza permite o trabalho com a luz e a sombra, que é imprescindível ao amadurecimento individual de cada jovem. O equilíbrio de seu uso ajuda a equilibrar essas qualidades internamente.

> No sétimo ano as misturas 'já estão a todo vapor'. Eles precisam chegar no preto a partir das cores que usam. Não se dá a cor preta pronta. Então eles precisam aprender a misturar as cores para atingir o cinza e o preto. E o cinza é muito interessante, porque ele pode ter uma tendência. Ele não é só uma mistura do preto e do branco, mas ele pode ter uma tendência para o azul, para o verde, para o amarelo, para o vermelho, o que você quiser e é cinza... Torna-se então uma coisa muito pessoal. Na aquarela isso fica muito evidente. O cinza deixa de ser uma mistura do preto e do branco e vai adquirir uma qualidade muito indi-

vidual: cada um vai encontrar a sua tonalidade de cinza. E isso é muito interessante, porque na nossa pedagogia, é o momento em que começa a brotar o EU da pessoa, a parte mais individual de cada aluno... Até agora havia uma massa, com muitos sentimentos, muitas sensações, mas que não tinha essa consciência... A consciência não está clara, mas ela está começando a chegar e você prepara as condições para isto. Interessante o cinza porque com ele você pode pintar coisas dramáticas: uma tempestade no alto-mar, uma ventania. Antes eles só pintavam coisas que podiam ser qualificadas de 'angelicais', tudo com muita luz... E agora entra a sombra, porque é a sombra mesmo que a gente tem dentro da gente, porque eles já se tornaram inclusive mais críticos, já tentam contestar com o professor, com os pais, enfim com os adultos. Se antes eles estavam com a cabeça para fora do muro, agora eles já têm o pé ou a metade do corpo para fora. Se é possível perceber as tendências para uma maior sensibilidade ou maior racionalidade, acho que as duas coisas ocorrem simultâneas. Claro que você vai encontrar alunos que têm uma 'tendência artística' muito mais acentuada e conseguem melhores resultados e outros não. O que dá para perceber é a criança que está madura e a que não está madura. Mas é interessante porque eles entram no cinza com muita vontade no sétimo ano. E depois de alguns exercícios eles não aguentam mais, porque é uma experiência muito forte. Então se começa o ano com os tons cinza e depois se dá uma pausa para que eles possam descansar, não adianta forçar. Depois aos poucos a gente vai voltando, mas mostrando como o cinza pode trazer beleza. Porque você só tem luz onde tem sombra e vice--versa. Se você só tem sombra você não vê nada. Se você só tem luz você também não vê nada. Você precisa ter polaridades. E na verdade você está falando deles. Como equilibrar isso, para não ser uma coisa tão pesada? Dentro e fora, na pintura e dentro deles também, não é? Muitas vezes alguns não chegam ao cinza – buscam, buscam e nada. Porque eu dou um godê ou um azulejo branco e eles têm que fazer a mistura ali para atingir a cor. Se não conseguem, pegam do vizinho... Usam vários artifícios para ter o cinza na pintura deles, mas eles de fato não o atingiram... E às vezes o traço é muito infantil e isso fica muito evidente, não tem como esconder. Tanto é que quando se chega ao nono ano, já no colegial (ensino médio), é uma época em que eles não vão trabalhar mais cor, pois a cor revela muito e nesse momento eles não querem se despir porque nesse momento eles querem um resguardo. E a cor é muito reveladora. Não se dá mais aquarela, eles vão trabalhar o preto e o branco. Não que o desenho em preto e branco não revele! Tem uns que só têm sombra; outros só têm luz. Uma coisa que a gente procura trabalhar nas crianças, e isso no desenho, na aquarela, em tudo – é que elas ponham o pezinho no chão. Porque a criança, ela vai se encarnando digamos, ela vai ficando cada vez mais consciente, se ela não fizer esse processo, é pouco saudável. Mesmo assim, as matérias que são dadas caminham nesse sentido de tornar cada vez mais conscientes, mais abstratos os conteúdos. Então quando se vai pintar ou desenhar alguma coisa tem que ter terra, mar; tem que ter onde se assentam as coisas, não pode ser só céu, ar, só nuvem. As gradações são importantes... Assim como as cores podem variar, existem milhares de cores que às vezes teu olho nem reconhece. Por exemplo, para os *Inuits*, chamados esquimós, antigamente. Eles conseguem perceber uma coloração no gelo e na neve que nós não percebemos. Enquanto que talvez a gente consiga ver nuances de verdes na vegetação que eles talvez não percebessem. Mas de qualquer forma, seja uma criança *Inuit* seja uma criança brasileira o que ela precisa perceber é que as coisas, as cores podem ter gradação. Assim como os sentimentos podem ter gradação, que você pode controlar isso tudo, porque é um turbilhão nessa fase da adolescência. Então como é que eu vou graduar isso tudo? Tenho a impressão que é um pouco por aí... O preto e o branco, certo? Não posso te dizer com absoluta certeza porque não é o que eu trabalho[303].

Aquarela 86 – A mistura feita aqui não atingiu o tom cinza, apenas tons de azul e violeta, com um pouco de vermelho. Nota-se que a busca se faz pela sobreposição de massas de cores. Um pouco de amarelo cria um tom de marrom e onde ele toca o azul vê-se o tom mais próximo da cor desejada. A forma não está tão trabalhada, pois a preocupação reside na busca do cinza.

Aquarela 87 – Chega-se ao cinza nessa aquarela, mas ele tem uma qualidade esverdeada, mesclada pelas pinceladas uniformes no papel seco. Em alguns pontos se percebe o tom avermelhado, como em torno da árvore. No tronco há um cinza chumbo que é, no fundo, azul.

Aquarela 88 – Os tons de cinza formam-se em pontos, embora em todo o desenho se possa notar um tom meio sujo nas cores, fruto da mistura que busca acinzentar tudo. Do canto direito superior para o centro, a cor cinza tornou-se mais definida, em um céu nublado. Quantos tons ou cores diferentes se podem usar para chegar ao cinza? Aqui parece que o amarelo foi bastante usado, pois há um tom esverdeado no canto superior esquerdo e marrom em parte de baixo, que podem ter sido obtidos com a ajuda desse amarelo.

Aquarela 89 – A quantidade de azul colocado na árvore somada ao azulado em torno indica que essa cor foi bastante usada, seguida pelo vermelho, o que levou a obtenção de um tom entre o violeta e o preto, ou cinza chumbo. O canto inferior direito chegou ao marrom, levemente avermelhado, enquanto o restante do solo ficou em um tom violeta avermelhado.

Aquarela 90 – Na medida em que os alunos vão aprendendo quais as misturas que produzem tons de cinza, eles passam a aplicá-lo em suas pinturas. Essa aquarela foi esboçada antes com giz de cera branco e

---

[303] Profª Riva, entrevista citada.

posteriormente colorida, dando uma estrutura maior à pintura. Os tons cinzentos aparecem no céu, no mar e na madeira da caravela.

Aquarela 91 – Essa caravela navega sob um céu cinzento... O mar está escuro, pois não há luz do sol. As cores fortes colorem o barco. O mar tem um movimento de ondas perceptível, dado pelas pinceladas e pelas manchas e água do lado direito.

Aquarela 92 – Aqui não há o tom cinza propriamente dito, mas tons acinzentados, sugerindo uma cena noturna. A caravela está muito molhada, com o excesso de tinta para chegar à cor desejada. Por sua vez o mar está em um pedaço mais seco do papel, o que se nota pelas pinceladas sobrepostas que foram dadas à guisa de ondas. O céu está mais homogêneo tanto no colorido como na quantidade de água utilizada.

Aquarela 93 – Somente cor... O cinza sugere um dia nublado, de céu cinzento, no qual o sol teima em brilhar...

Aquarela 94 – Essa pintura apresenta uma gradação de cores suave, chegando ao cinza no sopé das montanhas, onde se encontram o rosado delas e o esverdeado da planície. O céu, entre o azul e o violeta, sugere o anoitecer.

Aquarela 95 – O tom cinza foi obtido nessa pintura. O céu está parecendo tempestuoso, o vento que toca a vela da pequena embarcação tira-lhe a forma. O mar está encapelado, com ondas marcadas e escuras. Há uma figura na proa do barco, mas não é possível defini-la. Marcas de pincel dão um movimento arredondado ao céu, que é acompanhado pelo movimento da vela do barco.

Aquarela 96 – Apenas luz e sombra, pois a mistura de cores só conseguiu criar o violeta. Não se chega ao cinza, nem ao cinzento, pois a luz ainda está muito presente no céu rosado.

Aquarela 97 – Uma revoada de pequenos pássaros forma outro pássaro maior contra o céu cinzento...

Aquarela 98 – Nessa aquarela não há forma definidas, mas as misturas conseguem vários tons de cinza. Na parte superior há um tom cinza quase preto, não fosse a sua transparência. Descendo do canto superior direito, o tom cinza fica levemente lilás. Do lado oposto superior esquerdo, amarelo e verde misturam-se e tons de cinza surgem novamente. Abaixo, à esquerda, novamente o cinza aparece misturado, quase sobreposto ao vermelho, dando ares de marrom. Por toda a parte inferior da pintura, ele suja levemente o amarelo e vai concentrar-se no canto direito novamente, cinza.

Aquarela 99 – Uma paisagem de céu nublado, pesado. Já vai chover... As nuvens cinzentas têm o movimento da chuva.

Aquarela 100 – A caravela em cores suaves está envolta em um céu rosa cinzento, sobre o mar azul-cinzento. As cores não se misturaram homogeneamente devido à secura do papel. Um pouco mais de tinta e água poderiam ter permitido que isso acontecesse.

Aquarela 101 – As cores misturadas geram imagens sugestivas... Flores coloridas em um jardim? Um banco de corais no fundo do mar? Ou seriam, ainda, cenas do inferno de Dante? Uma figura no canto inferior esquerdo, levemente esboçada em cinza, sugere que a intenção tenha sido reproduzir a cena dantesca... Pode-se vislumbrar outra figura sobre as possíveis chamas, em lilás.

Aquarela 102 – Predominantemente azul, essa aquarela traz uns vislumbres de cinza, na mistura de vermelho ao centro, onde se pode imaginar um ser elementar das águas, talvez. Nas bordas, à direita, acima e abaixo, há pontos de cinza...

Aquarela 103 – O cinza cria a atmosfera dessa cena, na qual talvez um vento queira derrubar essa frondosa árvore azul. Talvez ela esteja muito copada e pesada para o seu frágil caule rosado. O tom cinza reaparece no solo, mas há um excesso de água que o deixa transparente e luminoso, contribuindo para o desequilíbrio da árvore.

Aquarela 104 – Nessa pintura o tom cinza está bem equilibrado, causando a impressão de uma ventania que sacode uma frágil planta, já desfolhada e ressecada.

Aquarela 105 – Cinza multicor, muito misturado, podem-se ver as cores que entraram na composição. O amarelo, com sua luminosidade, superou a sombra dos tons acinzentados e dominou a cena. O excesso de água na mistura das tintas causou um esfarelamento no papel, que deixou esses pequenos grumos na superfície.

Aquarela 106 – Aqui um amanhecer na neblina, cores suaves e pálidas sob a névoa matinal. O tom cinza está lá e ao mesmo tempo não está...

Aquarela 107 – Nessa aquarela o tom cinza definitivamente não surgiu! As cores, apesar de suaves, não perderam sua característica.

Aquarela 108 – As cores claras predominam nessa pintura, enquanto o tom cinza surge levemente no canto esquerdo superior, azulado e levemente sobre o amarelo em direção ao barco. Este apresenta uma coloração violeta cinzento. O tom verde, na margem da água, também traz em si um pouco de cinza. Bela composição.

Aquarela 109 – Cinza simplesmente cinza... Um céu nublado ou uma pedra mármore... Tão cinza que não se podem entrever as misturas que levaram a até essa qualidade de cinza...

Aquarela 110 – Tempestade de vento... À esquerda, forma-se um redemoinho muito cinza, ao centro uma figura azulada, talvez uma criança no meio dessa tempestade, o céu carregado deixa entrever rosa, azul e cinza, sobre um solo de neve branca...

Aquarela 111 – Montanhas cinzentas sob um céu nublado. Rochas e neve?

Aquarela 112 – Cinza de chuva nesse ambiente, no qual uns raios amarelos deixam dúvidas se pertencem à tempestade ou se são de um sol que insiste em surgir. As misturas estão muito densas, muita tinta foi usada e o papel está esfarelando em alguns pontos. O verde e o marrom da árvore têm toques de cinza.

Aquarela 113 – Fogo e fumaça. O fogo tem em sua composição as cores vermelha e amarela, enquanto a fumaça se compõe do cinza amarelo-esverdeado até se tornar cinza mais denso. Bem na lateral esquerda há toques de vermelho...

Aquarela 114 – Tempestade azul... O cinza não chega a atingir seu tom, apenas levemente na mistura do azul com o vermelho ele surge com nuance marrom. O movimento sugere vento forte. As pinceladas indicam que o papel estava seco.

Aquarela 115 – Pode-se constatar que as nuances de cinza ainda têm muita cor. A árvore central é a que mais se aproxima do cinza e ainda apresenta muita cor azul; a da esquerda é quase branca, transparente, enquanto a da direita tende para o amarelo. O equilíbrio entre terra e céu parece adequado, pois a terra oferece sustentação para ele. O verde da terra é levemente acinzentado. De acordo com a professora Riva, são as massas de cor sobrepostas que permitem essa sensação de profundidade. As cores proporcionam uma harmonia suave ao desenho, com predominância de cores frias, de acordo com a *Doutrina das Cores* de Goethe[304].

Aquarela 116 – O equilíbrio entre terra e céu parece um pouco comprometido, pois a terra apresenta uma leveza solar no tom de verde. O céu, por sua vez, está "pesado" sugerindo chuva iminente no tom fechado de cinza. A perspectiva também parece comprometida pelo desequilíbrio entre a luz e a sombra apresentado no eixo terra-céu.

---

[304] GOETHE, 1993.

Aquarela 117 – O excesso de água no papel e possivelmente na tinta esmaeceu e diluiu as cores. O tom cinza foi obtido, mas perdeu a sua intensidade no processo. Ainda assim se pode dizer que a relação horizontalidade/verticalidade está equilibrada, pois tanto a terra quanto o céu apresentam a leveza proporcionada pela diluição. Essa mesma diluição, no entanto, não permite que as massas de cor forneçam a visualização de perspectiva.

Aquarela 118 – Nessa aquarela há um peso maior na terra do que no céu. No entanto, as massas de cor auxiliam no equilíbrio, oferecendo uma perspectiva de profundidade que sugere um céu "lavado" após a chuva. O tom mais forte dos verdes e marrons da terra passa a ter o aspecto de terra molhada, restaurando o equilíbrio do eixo céu-terra.

Aquarela 119 – A aquarela traz uma caravela de velas azuis com nuances de cinza nas partes junto aos mastros. O mar também está cinzento, mas tem uma luz nos tons de verde junto ao barco. O céu está em branco, dando a sensação de inacabamento.

Aquarela 120 – Essa pintura também causa a sensação de não estar acabada. O tom cinza aparece nas velas, deixando o azul predominar onde lhe é devido, no céu e no mar. Mas as pinceladas sugerem que o papel estava um pouco seco, deixando pouco movimento na tinta.

Aquarela 121 – Um leve tom cinza azulado nas velas, em uma paisagem branca e inacabada. Talvez a caravela esteja encalhada na praia... Há um tom cinza muito suave na frente dela. Os traços vermelhos sugerem troncos sobre a areia.

Aquarela 122 – O tom cinza virou quase um arco-íris nessa pintura. Está mesclado nos tons de azul do mar e misturado no colorido do céu, que tem toques de amarelo e azul. Tudo muito suave, indicando as misturas e tentativas de obter a cor cinza. O excesso de água causou algumas manchas pela superfície da aquarela.

Aquarela 123 – O tom cinza foi obtido, especialmente na parte superior da pintura, onde seria um céu nublado bem convincente. Na metade inferior os tons verdes e amarelos sugerem que houve uma tentativa inconclusa de compor uma paisagem.

Aquarela 124 – Outra paisagem cinzenta. As cores ficaram esmaecidas e as formas quase transparentes, sugerindo uma árvore na neblina da manhã fria.

Aquarela 125 – Esse desenho foge ao estabelecido como tema, mas está tão bonito que merece ser comentado. Há riqueza de detalhes na criação. Essa cena de crianças com lanternas é muito significativa, pois se trata da festa junina, em que os pequenos da pré-escola e do primeiro a quarto ano carregam lanternas que serão acesas pelos alunos do nono ano, que são os Guardiões do Fogo. Nessa ocasião, estes, que estão entrando no terceiro septênio, época em que se inicia a encarnação do "eu", são portadores do fogo e acendem a fogueira de São João, em um simbolismo ritual que marca a possibilidade do homem receber em si a Centelha Divina. Após acender a fogueira, eles acendem as lanternas dos pequenos. É muito interessante e significativo o fato de que as criancinhas estejam envoltas na luz criada pelas lanternas acesas ou, talvez, pelo reflexo da fogueira acesa. As feições dos rostos são mais nítidas e definidas do que nas aquarelas do quinto ano.

4.8 Aquarelas do oitavo ano

Sete aquarelas compõem a pequena amostra dos trabalhos de oitavo ano. As quatro primeiras são bem geométricas, com um trabalho aprimorado de perspectiva linear que é possível pelo grau de amadurecimento dos jovens no final de segundo septênio. As três últimas, reproduções livres de obras de arte consagradas.

> Somente no oitavo ano são feitas pinturas utilizando a perspectiva linear. Não que se faça contornos, nunca!

Mas eles já sabem, por exemplo, que uma casa vista de tal ângulo tem tais linhas. Então sabem que devem pintar as massas de cor acompanhando um determinado ângulo. É um aprimoramento.

Nas classes do sétimo e oitavo ano, que são classes mais adiantadas, pode-se fazer uso de uma técnica mais estruturada fazendo acabamento a lápis depois da aquarela seca. Se bem que depende sempre do amadurecimento da classe, que pode ocorrer mais cedo.[305]

Aquarela 126 – Paisagem noturna em que a única luz está nas janelas dos prédios cinzentos da cidade. Sugere um amanhecer com promessa de chuva e frio. Pela posição da luz, poderia ser amanhecer. O mais notável é o uso da perspectiva linear na composição. O uso do preto inicia...

Aquarela 127 – Essa cena é vespertina e mostra uma angulação diferente que parece ser da mesma paisagem anterior. O céu azul cheio de nuvens e o sol avermelhado refletindo nas paredes dos edifícios em tons rosados sugerem uma tarde quente de verão ou final de primavera, pois as sacadas de um dos prédios têm jardineiras floridas. As paredes cinzentas indicam o lado da sombra e ajudam a compor a atmosfera. Luz e sombra ajudam a compor a perspectiva do ambiente, amenizando suas linhas também com as flores, as nuvens e o sol.

Aquarela 128 – Uma noite de lua cheia em uma foto em preto e branco? Do alto do edifício uma figura humana observa a lua... A perspectiva cria outro ambiente sobre um mesmo tema urbano e sua luz e sua sombra. Há cinza e, finalmente, o preto, que só no oitavo ano passa a ser usado pelos alunos.

Aquarela 129 – Na última cena urbana, a escuridão da noite é amenizada pelo céu azul-escuro e pelas janelas acesas coloridas de amarelo. O tom cinza e o preto perdem um pouco de sua força de sombra e é

---

[305] Profª Riva, entrevista citada.

possível ver luz. A parede amarela, que pode ser um luminoso de publicidade, reflete luz sobre os prédios em frente.

Aquarela 130 – Figura humana, mostrando uma elaboração muito maior do que as representações que surgiram no quinto ano ou mesmo no sétimo.

Aquarela 131 – Figura humana, mostrando uma elaboração muito maior do que as representações que surgiram no quinto ano ou mesmo no sétimo.

Aquarela 132 – Figura humana, mostrando uma elaboração muito maior do que as representações que surgiram no quinto ano ou mesmo no sétimo.

> Mas a cor tem essa função, de dizer onde que você vai colocar mais peso, onde você vai colocar mais leveza... Ou se fiz um céu muito pesado, como é que tem que ser essa terra? Porque, senão, se ficar uma terra muito frágil, não sustenta esse céu. Tem que haver um equilíbrio. Então sempre é a busca de um equilíbrio. O equilíbrio não é parado, o parado é morto, não é? É quando os pratos da balança estão alinhados[306].

[Aqui eu faço um comentário com a professora Riva sobre as estruturas do imaginário, que são estruturas dinâmicas, como afirma Durand[307]]. A professora Riva continua:

> – Não é estática! Na verdade, o que eu vejo, é que todo o currículo da escola Waldorf, independentemente de ser pintura, botânica, não importa o quê! O que você trabalha é o que está se passando no interior da criança. Só que você traduz numa linguagem científica, digamos que, a partir de qualquer conteúdo que você trabalhar você está falando indiretamente do que se passa com a criança, com o indivíduo[308].

---

[306] Profª Riva, entrevista citada.
[307] DURAND, Gilbert. **As Estruturas Antropológicas do Imaginário**. São Paulo: Martins Fontes, 1997.
[308] Prof.ª Riva, entrevista citada.

AQUARELAS

Aquarela 1

Aquarela 2

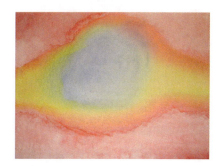

Aquarela 3

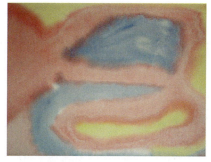

Aquarela 4

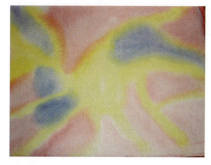

Aquarela 8

Aquarela 5

Aquarela 9

Aquarela 6

Aquarela 7

Aquarela 10

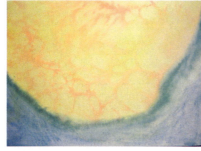

Aquarela 11

Aquarela 12

Aquarela 13

Aquarela 14

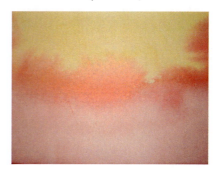

Aquarela 15

Aquarela 16

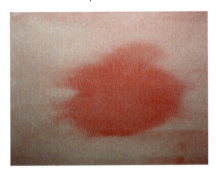

Aquarela 17

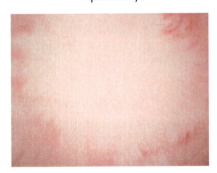

Aquarela 18

Aquarela 19

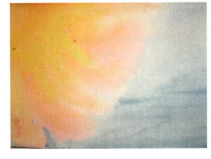

Aquarela 22

Aquarela 23

Aquarela 20

Aquarela 24

Aquarela 21

PEDAGOGIA WALDORF: FORMAÇÃO HUMANA E ARTE

Aquarela 25

Aquarela 26

Aquarela 27

Aquarela 28

Aquarela 29

Aquarela 30

Aquarela 33

Aquarela 31

Aquarela 34

Aquarela 32

Aquarela 35

Aquarela 36

Aquarela 37

Aquarela 38

Aquarela 39

Aquarela 40

Aquarela 41

Aquarela 42

Aquarela 43

Aquarela 44

Aquarela 45

Aquarela 48

Aquarela 46

Aquarela 49

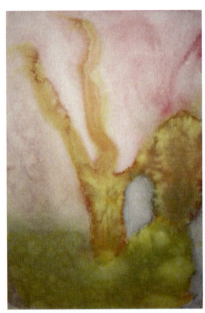

Aquarela 47

Aquarela 50

Aquarela 52

Aquarela 51

Aquarela 53

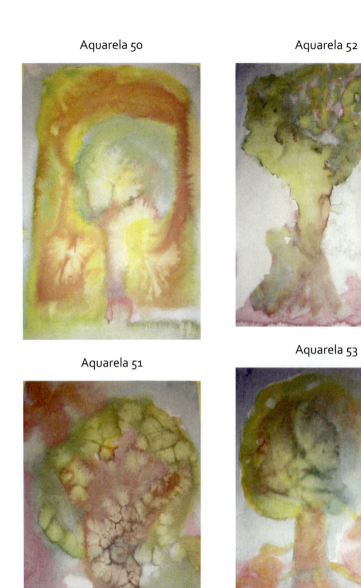

Aquarela 56

Aquarela 57

Aquarela 54

Aquarela 58

Aquarela 55

Aquarela 59

Aquarela 61

Aquarela 60

Aquarela 62

Aquarela 63

Aquarela 64

Aquarela 66

Aquarela 65

Aquarela 67

Aquarela 68

Aquarela 69

Aquarela 70

Aquarela 71

Aquarela 72

Aquarela 73

Aquarela 74

Aquarela 75

Aquarela 76

Aquarela 77

Aquarela 78

Aquarela 81

Aquarela 79

Aquarela 82

Aquarela 80

Aquarela 83

Aquarela 84

Aquarela 85

Aquarela 86

Aquarela 87

Aquarela 88

Aquarela 89

Aquarela 90

Aquarela 91

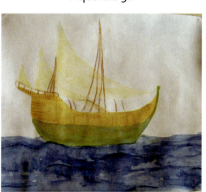

Aquarela 92

Aquarela 95

Aquarela 93

Aquarela 96

Aquarela 94

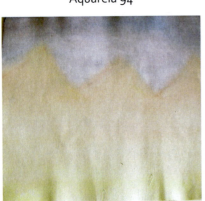

Aquarela 97

Aquarela 98

Aquarela 99

Aquarela 100

Aquarela 101

Aquarela 102

Aquarela 103

Aquarela 104

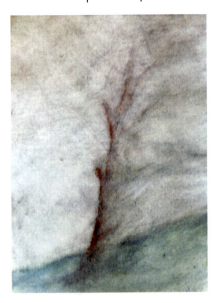

Aquarela 105

Aquarela 106

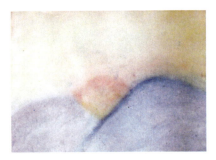

Aquarela 107

Aquarela 111

Aquarela 108

Aquarela 112

Aquarela 109

Aquarela 110

Aquarela 113

Aquarela 114

Aquarela 115

Aquarela 116

Aquarela 117

Aquarela 120

Aquarela 121

Aquarela 118

Aquarela 122

Aquarela 119

Aquarela 123

Aquarela 126

Aquarela 124

Aquarela 127

Aquarela 125

Aquarela 128

Aquarela 129

Aquarela 130

Aquarela 131

Aquarela 132

CAPÍTULO 5

A RELEVÂNCIA DAS OUTRAS PRÁTICAS ARTÍSTICAS E ARTESANAIS

Como já foi descrito no Capítulo dois, a Pedagogia Waldorf proporciona aos alunos inúmeras práticas artísticas e artesanais durante todo o ensino básico. Embora a pintura em aquarela seja a única analisada em detalhes nesta pesquisa, não é possível deixar de comentar e relacionar alguns trabalhos que contribuem com a própria evolução da pintura de cada aluno. A apresentação de alguns trabalhos coletados no material pesquisado pode elucidar sua relevância para que se compreenda melhor sua importância no processo cognitivo como um todo.

Uma amostra dos trabalhos manuais, da modelagem em argila, da confecção do papiro[309] e do desenho de formas a carvão compõe a apresentação a seguir, com uma explicação de sua relação com o desenvolvimento dos alunos e de seu amadurecimento e consequente domínio da forma, da perspectiva e da técnica. Estas, por sua vez, denotam a aquisição da consciência, entendida como amadurecimento cognitivo, aquisição de conhecimento e preparo para o enfrentamento de novas etapas da vida futura.

Cada modalidade de trabalho está organizada em uma sequência com uma descrição das técnicas empregadas e da atividade como se desenvolve em sala de aula. Algumas atividades acontecem em espaços apropriados para elas, como os trabalhos manuais e as artes aplicadas – modelagem em argila, marcenaria,

---

[309] Nessa pesquisa, o papiro apresenta-se como uma das modalidades de trabalho possíveis que foi coletado no trabalho de campo. Outras professoras, em outras escolas e em outros momentos, podem aplicar outras técnicas que sejam relevantes para aprendizagem da sua classe.

carpintaria. Atividades como a euritmia e o teatro também precisam de grandes espaços para ocorrer. Outras, como a aquarela e a confecção do papiro, podem ser organizadas na própria sala de aula, por estarem vinculadas aos conteúdos da aula principal e das épocas estudadas. É importante que essa organização, seja ela dada pelo espaço que se ocupa, seja pelo tempo que se disponha para que ela aconteça, ou mesmo por ambos, seja tão eficaz que torne a atividade um ritual importante dentro do horário das aulas. Uma sensação *numinosa*, um *quê de sagrado* deve acompanhar cada uma delas para que o significado e o objetivo real sejam alcançados.

5.1 Os trabalhos manuais

A aula de trabalhos manuais pode acontecer uma ou duas vezes na semana, de acordo com a carga horária de cada ano escolar. Pode ser ministrada dividindo-se a turma em duas, alternando-a com outro conteúdo, como música ou língua estrangeira. A professora responsável pelas aulas acompanha a turma durante todo o ensino fundamental ou por metade dele. No caso da escola onde se realizou a pesquisa de campo, havia na ocasião duas professoras, uma que seguia até a quarta série e outra que dava continuidade nas séries seguintes até o oitavo ano. Não foi possível obter entrevistas na ocasião da coleta de dados, porém a minha formação básica na Pedagogia Waldorf obtida na ocasião da pesquisa de mestrado e a participação em um grupo de estudos práticos oferecidos para mães na escola Waldorf Anabá me permitem fazer um relato da dinâmica dessas aulas.

Sua função é direcionada ao amadurecimento dos sentidos em relação ao espaço e ao movimento dentro dele. Também se destina a desenvolver a motricidade, paralelamente às outras atividades que se voltam para essa finalidade. O conhecimento de atividades diferenciadas que a humanidade inventou como expressão estética e utilitária também torna esse aprendizado relevante do ponto de vista cultural, social e antropológico.

Dessa maneira, o tricô trabalhado com duas agulhas no primeiro ano desenvolve o sentido de lateralidade de forma natural. A passagem dos pontos de uma agulha para a outra, a relação da mão direita com a esquerda. Uma imagem da passagem dos pontos como se fossem carneirinhos que pulam uma cerca envolve a atividade no clima de conto de fadas, tipo de narrativa correspondente a essa faixa etária. O trabalho com as cores, a persistência diante das dificuldades do trabalho e o sentimento de realização obtido ao final do trabalho completam a experiência proporcionada pela atividade. A utilidade e a beleza do produto final sempre são importantes[310].

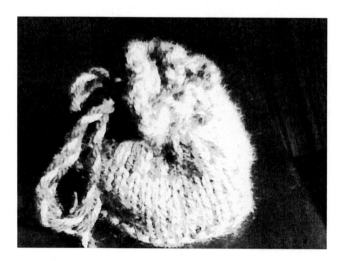

Figura 1

---

[310] Todas as fotos que ilustram este capítulo fazem parte do meu acervo pessoal, coletadas em festas da escola em que meus filhos estudaram ou durante o trabalho de campo da pesquisa que resultou neste livro.

Pequenos trabalhos realizados pelos alunos são apresentados na exposição organizada no evento de final de ano, chamado *Bazar de Natal*[311], na escola pesquisada. Na coleta de material realizada durante o bazar, pude constatar a intensa motivação a que as crianças podem chegar, pela produção numerosa que estava exposta em cada classe. Na sala de primeiro ano, podiam ser vistos inúmeros pastores e pastoras com seus rebanhos de carneiros, criação de porquinhos e galinhas, cavalos, bois e vacas. Nesse momento, a decoração do espaço pela professora com ajuda de mães da classe e até de alguns alunos traz um encanto especial ao trabalho que levou o ano todo para ser concluído.

Figura 2

No segundo ano, o trabalho produzido é o crochê. Inicialmente o crochê feito com os dedos desenvolve a motricidade fina, que será de grande valia para o aprimoramento da escrita e do desenho. O trabalho com a agulha vem em seguida e o crochê de grampo também pode ser feito. A produção inclui utilidades, como pequenas toalhas, bolsinhas, carteiras e pegadores

---

[311] Nas Escolas Waldorf, esse evento é parte integrante do calendário escolar.

de panela. Com o crochê de dedos, foram feitos os suportes para vasos. Os objetos produzidos são belos e úteis, conforme foi visto no Capítulo dois. E a exposição fotografada mostra isso.

Figura 3

Figura 4

No terceiro ano, o tricô volta como atividade. São confeccionadas bonecas que terão cabeças de pano. Elas são feitas com a imagem e a semelhança de uma criança. No primeiro ano, as crianças faziam ponto "meia" e no terceiro ano aprendem o ponto "tricô". O ponto "meia" forma a letra "V" e pode ser chamado de *ponto velho*. O ponto tricô forma um cordão que lembra a letra "N" e é chamado de *ponto novo*. As crianças podem escolher as cores para compor o corpo, que é formado pela roupa tricotada. Podem fazer um menino ou uma menina, cabelos curtos ou longos. Um detalhe importante é que a cabeça deve ser feita pela mãe ou pela professora, pois dentro dela será escondido o segredo que fará com que a criança adquira conhecimentos ao longo de sua trajetória escolar. É importante também que essa cabeça seja tão firme como o crânio humano é em relação ao corpo. Esses procedimentos são cumpridos em um ritual. As crianças não participam da confecção das cabeças, apenas são informadas de que o segredo foi posto dentro de cada uma delas. Novamente o encantamento exerce uma magia por meio desse segredo, que não é revelado. A imaginação tem uma ancoragem na realidade por meio do produto do trabalho das crianças.

Figura 5

O trabalho no quarto ano é feito em *étamine*, um tecido apropriado para a execução do ponto cruz. Uma das técnicas empregadas consiste em desenhar primeiro o que se vai bordar depois. A cruz é um eixo que aponta em quatro direções, a criança aos dez anos está se abrindo para o conhecimento do mundo. Ela deixa de perceber-se unida a esse mundo para percebê-lo como apartado de si mesma. Aprender a voltar-se para várias direções torna-se fundamental. Outra coisa que pode ser aprendida é a simetria. Em uma folha dobrada em quatro, a criança faz um desenho em que as partes são simétricas duas a duas. Cada lado repete as cores e as formas do seu oposto. Esse desenho vai servir de base para o bordado que pode ser depois usado como dois lados de uma bolsa ou de uma almofada. Outra modalidade do trabalho consiste em desenhar paisagens com motivos geométricos.

Figura 6

Figura 7

A contagem dos pontos para produzir as simetrias ou as formas que compõem a paisagem também é importante, pois exige a concentração e a atenção durante a execução do bordado. O ponto cruz repetido constantemente ao longo do trabalho traz domínio da força de vontade. Ele delimita as formas às linhas retas. Habilidades para o aprendizado da Matemática e da Geometria, que serão requisitos para a aquisição desses conhecimentos, acabam sendo assimilados sem que o esforço seja apenas intelectual, pois o físico e o anímico estão se equilibrando nessa atividade manual. Costurar a bolsa ou almofada a mão desenvolve habilidades com tesouras, linha e agulha, que serão exercitadas cada vez mais ao longo dos próximos anos.

Figura 8

Figura 9

No quinto ano, a atividade volta a ser o tricô, mas dessa vez o desafio é trabalhar com cinco agulhas. São confeccionadas meias e luvas, acessórios para aquecer o próprio corpo. O preparo de duas peças iguais leva à observação da simetria e ao esforço por reproduzi-la na própria atividade. O eixo trabalhado com o ponto cruz move-se e cria a circularidade do movimento. Talvez seja por isso que na aula de Geometria as crianças sejam capazes de criar seus próprios compassos, como descreve a professora Marta em sua entrevista.

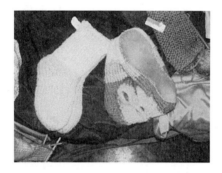

Figura 10

Figura 11

No sexto ano, são confeccionados animais de pano. A criança entra em contato com livros e gravuras de animais e escolhe aquele com o qual se identificar melhor. Depois disso, ela vai desenhá-lo algumas vezes, tomando contato com o bicho escolhido. A observação goethianística acontece aqui, para que a reprodução em tecido seja a melhor possível. O molde é desenvolvido a partir dos desenhos. Da imagem plana, surge o animal tridimensional, aliando a experiência da geometria e do desenho de sombras.

No sétimo ano, inicia-se a produção do vestuário na atividade de costurar. O sapato é a primeira confecção elaborada. Cada aluno vai desenhar o molde a partir da medida da planta de seu próprio pé, calculando a medida e a forma apropriada, buscando confeccionar um calçado que lhe sirva. Às vezes o sapato só ficará pronto quando o aluno já cresceu e não poderá mais ser utilizado, mas a vivência de fazê-lo é o mais importante.

No oitavo ano, a atividade de costura intensifica-se com o conhecimento do funcionamento da máquina de costura com pedais. Esse mecanismo vai ser compreendido pelos alunos para que sua habilidade física para mover a máquina se desenvolva. A história dessa máquina e sua importância social também são ensinadas aos alunos. Eles aprendem técnicas variadas costurando almofadas, sacolas, bolsas, lençóis, aventais e outras peças úteis para o dia a dia. À medida que sua destreza aumenta, poderão costurar peças de vestimenta como blusas, camisas e coletes. O conserto, o remendo e o passar são atividades que são ensinadas para desenvolver o conhecimento dos tecidos diversos e seu emprego para variados fins, obtendo uma visão abrangente da costura e dos materiais necessários para fazê-la.

Outras atividades, como marcenaria, ourivesaria, tecelagem, escultura em pedra, argila, horticultura, jardinagem, culinária são praticadas na escola pesquisada, porém não foram abordadas por não terem sido acompanhadas durante a coleta de material de campo ou por não pertencerem ao currículo do primeiro ao oitavo ano.

5.2 Desenhos de formas, geometria e teoria de luz e sombra

O desenho de formas, como já foi mencionado no Capítulo 2, é muito importante para a motricidade infantil. Ele alia a destreza manual com a conscientização das várias direções do espaço por meio do uso de linhas horizontais, verticais, diagonais e curvas. Com isso os ângulos e formas geométricas aparecem e entrelaçam-se, deixando surgir simetrias e assimetrias. O desenho de formas proporciona a aprendizagem por meio de imagens, desenvolvendo a visão interior e o pensar sem deixar o predomínio do trabalho intelectual estabelecer-se. Com isso se obtém grande autonomia e mobilidade para a imaginação. As simetrias e assimetrias permitem o trabalho de polaridades, possibilitando equilíbrio e harmonia.

Figura 12

Figura 13

Figura 14

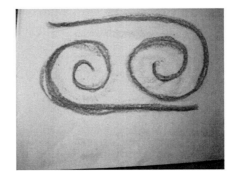

Figura 15

O desenho de formas conduz à possibilidade de se exercitar a *geometria a mão livre*. A vivência do teorema de Pitágoras com triângulos recortados em papel de diversas cores, ou feitos com folhas dobradas, é uma das maneiras de tornar a experiência com a forma geométrica mais gratificante e enriquecedora, permitindo a transição da relação com a forma e com o espaço para um estágio descritivo compreendido pelo pensar sobre a figura observada. Somente no sexto ano inicia-se a utilização dos instrumentos e posteriormente das fórmulas de cálculos geométricos. O trecho da entrevista abaixo ilustra a atividade.

> Na época de geometria, a gente não usa instrumentos, no 5º ano. Então, no começo eles olharam o círculo na lousa... e a gente faz à mão livre, embora tenha o compasso de lousa, o professor faz como ele sabe, não é? No começo eles olhavam o círculo, e não – eu não vou conseguir fazer um círculo tão perfeito. Aos poucos, pelo exercitar, eles conseguiram chegar a círculos muito perfeitos. Só que, além disso, e houve uma coisa – para mim, que não fui aluna Waldorf foi muito especial – que foi o fato de eles inventarem instrumentos próprios para fazer os seus desenhos[312].

Figura 16

---
[312] Trecho da entrevista concedida pela professora Marta.

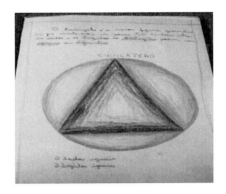

Figura 17

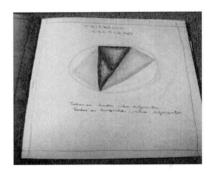

Figura 18

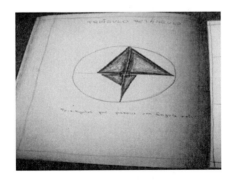

Figura 19

Houve um dia em que eu os deixei usarem os instrumentos inventados para fazer círculos, por exemplo. Então eles entenderam o mecanismo do centro, periferia, da equidistância do centro aos pontos da circunferência; entenderam perfeitamente este movimento por vivências corpóreas e outras mais; a partir daí eles inventaram seus instrumentos. O dedo, com uma fitinha que amarrava na caneta, enfim "n" maneiras. Eu mesma nunca tinha pensado.... Eu estou sem compasso aqui no meio do nada, posso colocar o dedo assim??? No máximo usaria um prato.... Mas posso por um fio no meio e medir. Eles por eles suscitaram meios e procuraram coisas para fazer. Isto, eu acho que ocorre graças a essa multiplicidade de percepções que eles têm de que as coisas podem acontecer de muitas formas[313].

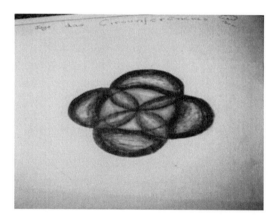

Figura 20

---

[313] Trecho da entrevista concedida pela professora Marta.

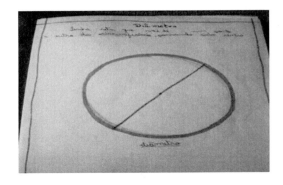

Figura 21

E dentro disso também tem outra coisa: há a busca pelo belo, a busca pelo equilíbrio, porque você pode olhar o círculo e falar: ah! Pode ficar daquele jeito. Mas não! Há uma busca natural pelo belo, pelo equilíbrio, tende a esse movimento. Por isso são bem importantes estas vivências como esta e outras que se fazem e levam a perceber coisas que no dia a dia nem se percebe que é por causa daquilo que acontece[314].

Figura 22

---

[314] Trecho da entrevista concedida pela professora Marta.

Figura 23

Figura 24

A teoria da luz e da sombra traz o estudo de fenômenos da Física, aliados ao estudo da Geometria, por meio de desenhos feitos com giz ou com carvão. Uma proposta utilizada é o estudo da projeção da sombra de uma esfera em diversos planos, estando ela em repouso ou pairando eles. Ou sua projeção sobre uma parede. Dessa maneira, são percebidas situações de ocupação do espaço e da luz e os efeitos que causam a sombra. Os elementos básicos do desenho em perspectiva são elaborados, introduzindo-se o conceito de horizonte e de ponto de fuga. Essa contribuição do desenho reflete-se na produção das aquarelas, como é possível observar por sua análise.

Figura 25

Figura 26

Figura 27

5.3 A confecção do papiro

Essa vivência pode ser melhor compreendida pela transcrição da entrevista da professora Marta, entremeada pelas fotos dos papiros feitos pelos alunos, coletados durante o trabalho de campo.

> Era época de História no 5º ano, e foi nesta época na qual se trabalha as antigas civilizações; então, no final dessa época a gente estudou o Egito. E quando a gente começou a trabalhar com o Egito, começou a acompanhar junto com isso a toda a descoberta da escrita, que já vinha surgindo um pouquinho antes, como ela foi se transformando e aonde eles começaram a colocar os registros dessa escrita. E aí a gente chegou ao papiro. E quando isso aconteceu, fizemos a vivência prática de como se fazia de fato um papiro. A gente tentou reproduzir um pouco da vivência, que era feita naquela época; e aí a gente cortou – eles mesmos ajudaram a cortar os papiros todos, e então a gente fazia isso um pouquinho por manhã; todas as manhãs. E até então

quando a gente conseguiu começar a operação – que foi a que durou mais tempo, que é a operação de macerar o papiro. Nesta operação eles tinham que tomar muito cuidado, mas ao mesmo tempo tinham que empregar a força e utilizar também um material que era mais ou menos pesado; era um martelo de madeira usado sobre uma prancha, também de madeira, onde eram alinhados os filetes de papiro nos quais eles punham uma capa protetora por cima para poder bater nestes filetes. E nisso a gente teve alguns casos em que a força foi demais, e então o papiro se estraçalhou e se teve que recomeçar o processo; e alguns que não conseguiram fazer com que ele achatasse... [315]

Figura 28

Então foram várias descobertas de como dosar delicadeza e força e que eles tiveram que estar lidando nessa proposta. Eles adoraram fazer e no final, depois de ter

---

[315] Trecho da entrevista concedida pela professora Marta.

colocado os filetes um ao lado do outro, alinhados, eles passaram para a pintura. Chegou-se então nesse processo final. Como a gente estava vendo a evolução da escrita, trabalhou-se um nome que se quisesse colocar, como se fosse uma plaquinha de nome, alguma coisa assim, no papel. Aqui, então, a gente tem registros de nomes que estão escritos em hieróglifos. Alguns fizeram o nome do pai ou da mãe, porque quiseram presenteá-los, outros, seu próprio nome. Em classe eles já haviam treinado fazer esta grafia, porque a gente tinha feito outras vivências só com a grafia no papel comum; e aí, quando eles vieram passar para cá, no papiro, se vivenciou a confecção do papel dos egípcios, que é o antigo papiro, e depois da colocação das letrinhas, dos caracteres, que na verdade não são letras ainda, dos caracteres no papiro. O que também foi um processo delicado, porque as letras são pequenas, e o papiro ficou pequeno também[316].

Figura 29

---
[316] Trecho da entrevista concedida pela Professora Marta

Figura 30

Então a gente teve uma experiência de que a qualidade do papiro, e isso nós não sabemos bem porque, a qualidade dele poderia ter gerado um trabalho mais fino; e ele veio muito seco. Então a gente teve que lidar com essa dificuldade. Aqui você vê este trabalho trançado – e veja que a espessura ficou muito mais fina. Entre os deles, o que a gente pode ver: há alguns mais finos e há outros que não são! Este aqui, por exemplo, ficou bem maceradinho, mas não adquiriu a delicadeza... Isto é uma questão da própria planta ter ou não a umidade necessária. Creio que depois do corte, e imediatamente, tem que se fazer algum tratamento, colocar na água, ou algo para conservar a umidade interna e se possa então adquirir a textura delicada. Por aqui a gente tem vários lugares onde pode ser encontrado o papiro, porque ele nasce onde tem muita água... Há alguns terrenos que tem papiro. Este aqui a gente comprou, porque não foi fácil de encontrar; eu queria repetir a experiência fazendo um papiro maior para que eles pudessem fazer um desenho mesmo, e não a escrita, mas a gente não encontrou e o preço é um pouco alto, então a gente ficou com essa experiência. Hoje em dia o papiro tem sido muito usado em jardinagem, paisagismo, inclusive para decoração fazendo vasos ornamentais para festas se coloca o papiro e isto encarece o produto. Mas como ele é de uma região alagada, originalmente, as margens do Nilo, a gente encontra por aqui, em alguns terrenos que têm muita água[317].

Figura 31

Figura 32

---

[317] Trecho da entrevista concedida pela professora Marta.

Agora o interessante é que todos gostaram muito de fazer, mas os meninos gostaram muito da tarefa primeira de amassar o papiro – porque você tem esse enfoque sobre o feminino e o masculino – e as meninas gostaram muito da pintura. E também entre os meninos e meninas, você percebia, de acordo com o temperamento, etc., as qualidades do feminino e do masculino, no jeito de amassar, no jeito de colocar, de juntar os filetes, as fatiazinhas do papiro e de organizar toda a tarefa. Foi um processo bastante interessante sobre polaridades. Sobre a interação deles durante o processo, na classe, eles são todos muito amigos. Em todos os processos, sem exceção, eles se ajudam bastante. Então houve essa interação. A princípio estava cada um ocupado com o seu trabalho, porque era novidade. A partir do momento em que alguns já dominaram a técnica, na medida do possível, aí eles já conseguiram ajudar as outras crianças que precisaram, e aqueles que precisaram refazer também. Um com mais força, outro com mais delicadeza... cada qual apresentando suas habilidades[318].

Figura 33

---

[318] Trecho da entrevista concedida pela professora Marta.

Figura 34

Essa ideia já existia, não fui eu quem elaborei, em meu plano de aula, outros professores já fizeram, outros não! Não é que seja obrigatório fazer, mas é uma vivência muito rica. A figura inicial era de um outro ano e o papiro estava melhor. O tamanho dele determina o papel que pode ser feito... você corta em fatias e amassa... é circular, o caule, não é? É como fatiar um tronco de árvore para fazer tábuas. Então uma circunferência maior favorece o tamanho, o tipo, todas estas coisas que interferem na qualidade. Ainda assim, alguns lidaram melhor com as condições[319].

Figura 35

[319] Trecho da entrevista concedida pela professora Marta.

Figura 36

Como professora eu acho que na maioria das vivências que a gente proporciona, eles têm um ganho imenso que é a questão de se conectar ao todo. Quando a gente fala em papel hoje, o papel para eles já não é uma folha qualquer que veio do nada e de repente surgiu pronta para eles escreverem, jogar no lixo, e amassar. Então essa vivencia do todo, de onde vem, para onde vai, quantas pessoas participaram disso. E agora que a gente entra na história de um processo que vem de antes. Então a gente está hoje aqui porque muita coisa antes possibilitou isso. Tudo isto acho que faz parte do que a gente tenta proporcionar para eles. Isto é um ganho que eles têm enquanto classe[320].

---

[320] Trecho da entrevista concedida pela professora Marta.

Figura 37

Figura 38

A vivência específica do papiro eu acho que trouxe para cada um essa possibilidade de tentar lidar com polaridades. Então eles tiveram que dosar e equilibrar – e como isto é uma coisa que a gente tem que fazer a vida inteira... Eles tiveram que equilibrar força e leveza, peso e suavidade. Eles tiveram que lidar com isso para não estragar o material e para conseguir o que eles queriam.

Então foi uma coisa muito especial. E eles sentiram isto e gostaram e queriam repetir a experiência. Esta questão acho que é a mais rica de todas. Claro que houve outras coisas, mas ficava visível o controle que os coléricos tinham que ter, para ser regular, ter um certo ritmo. Em tudo isto há um movimento de contenção junto com a expansão. A riqueza é o trabalho com as polaridades. E também a gente vê que eles começam a descobrir maneiras de fazer as coisas. Nem sempre eu escrevo com uma caneta, existem formas mais complicadas. Às vezes mais fáceis, mas outras formas[321].

Vivências como essa são comuns na escola Waldorf. Ela ilustra muito do que se buscou compreender até aqui. Dessa forma, pode-se passar às considerações finais.

---

[321] Trecho da entrevista concedida pela professora Marta.

CAPÍTULO 6

O DESENVOLVIMENTO COGNITIVO-AFETIVO: CONSIDERAÇÕES FINAIS

Em uma passagem de seu livro *O Desenvolvimento da Personalidade*[322], Jung afirma que "o inconsciente é como a terra do jardim, da qual brota a consciência". "A consciência se desenvolve a partir de certos começos, e não surge logo como algo de completo e acabado"[323]. O processo cognitivo apresentado por Rudolf Steiner por meio da prática cotidiana da Pedagogia Waldorf traz a proposta de alguns começos para que a consciência e o conhecimento do mundo iniciem seu desenvolvimento na criança. Após a descrição da cosmovisão goethiana e do entendimento da plasticidade da alma infantil, torna-se possível tecer considerações sobre a importância da arte nesse processo. A arte pode ser veículo de conteúdos inconscientes para que eles brotem na consciência. Utilizada cotidianamente no processo de ensino-aprendizagem, ela pode trazer o entendimento arquetípico do conhecimento do mundo, o conhecimento que está nas origens do inconsciente humano e que desde então se faz conhecer por meio da arte. Na mitologia as imagens surgem artisticamente consteladas para transmitir um conhecimento arquetípico por meio de metáforas belas. Enquanto transmissão de conteúdos arquetípicos, ela apresenta-se como arte, metáfora da ciência que posteriormente dela se distanciou. Na Pedagogia Waldorf, mitologia e arte tornam-se instrumentos de transmissão dos conteúdos, fazendo com que eles se tornem conscientes nas almas

---
[322] JUNG, 1986.
[323] JUNG, 1981, p. 55.

e nas mentes dos alunos. Como no processo de imaginação ativa da Psicologia junguiana, a arte auxilia a aquisição dos conhecimentos na medida em que permite que as habilidades se desenvolvam e se reforcem por meio de cada exercício dado, por meio de cada movimento executado, e que se fixem pela contemplação de cada produto concluído. Esse movimento acontece partindo do inconsciente para o consciente.

Pela análise das aquarelas e pela descrição processual dos diversos trabalhos realizados pelos alunos de uma escola Waldorf, percebe-se a vivência dessas polaridades e a atuação das capacidades criativas que o ser humano põe em prática no momento em que inicia a modificação de um material que lhe é confiado durante o trabalho artístico ou artesanal. As forças anímicas mobilizadas nessas atividades são exercitadas constantemente e estarão aptas a entrar em ação sempre que as situações da vida presente e futura as solicitarem. Dessa maneira, pode-se perceber a formação do homem lúdico, se o homem lúdico for considerado como portador de uma alma equilibrada por meio da imagem, da arte, da beleza e do trabalho com a fantasia criativa. Para Schiller, liberdade significa beleza na matéria transformada. O belo nasce dos impulsos antagônicos que se equilibram para expressá-lo. A sensibilidade e a percepção tornam-se ativas para trabalhar na matéria as ideias suscitadas por elas, empregando o conhecimento e a habilidade para produzir formas nessa matéria.

As funções psíquicas consideradas por Jung são aplicáveis ao processo de desenvolvimento cognitivo steineriano, goethiano e schilleriano. Por esse motivo, acredito ser possível compreender o processo de elaboração artística dos alunos Waldorf como análogo ao processo da imaginação ativa. A busca de um equilíbrio por meio desses dois processos indica a necessidade do ser humano de aprender a lidar com suas qualidades emocionais, afetivas e anímicas. É por intermédio do exercício da imaginação, da intuição e das demais qualidades anímicas que se preparam para responder às situações do dia a dia. A relação próxima da arte com as qualidades da alma indica que elas se desenvolvem por meio dela, apontando a utilização de funções da *anima*[324], funções de relacionamento e criatividade ligadas à sensibilidade. A *anima* equilibrada, exercendo suas funções positivas, tornando possível que o *animus* equilibrado ligado à razão ocupe seu lugar harmonicamente. Embora não possa ser qualificada de individuação, a trajetória da criança na escola Waldorf pode ser compreendida como uma preparação para que o indivíduo possa estar mais apto a buscá-la.

No referencial teórico de Jung, encontra-se a explicação conceitual das qualidades anímicas. Como terapeuta ele buscou a compreensão da alma para que esta se equilibrasse com o pensar – inconsciente – consciente. Goethe era poeta e expressou-se por intermédio das qualidades criativas e da observação, utilizando a visão de poeta para olhar a ciência. Schiller era poeta e expressou suas ideias de maneira filosófica e conceitual. Steiner entendeu o que esses poetas expressaram e desenvolveu um caminho cognitivo que pudesse contemplar os olhares dos dois poetas, criando um sistema de aquisição de conhecimento. Sua tarefa foi dirigida ao desenvolvimento do pensamento, sem esquecer a atividade do sentir e da imaginação. A visão da Psicologia Analítica e da Antroposofia podem se complementar para auxiliar a compreensão do processo cognitivo que ocorre pelo uso das habilidades imaginativas do ser humano em formação.

Quando Schiller afirma que o homem sensível é conduzido à forma e ao pensamento pela beleza, significa que esta pode motivá-lo a exercer o pensamento. Quando ele diz que o homem espiritual é reconduzido à matéria e entregue ao mundo sensível pela mesma beleza, significa que esta pode fazê-lo sentir

---
[324] HILLMAN, 1990.

quando repensa o mundo das formas e da matéria. A beleza proporciona um estado intermediário entre a percepção e o pensar, que permite a harmonia entre ambos. Steiner vislumbrou esse processo e o traduziu em uma metodologia de ensino que é um sistema de desenvolvimento cognitivo com uma filosofia e uma base científica fundantes.

Por se tratar de uma forma de ensinar, a Pedagogia Waldorf traz em si todos os procedimentos necessários para educar dentro dos parâmetros exigidos pela lei de ensino. No entanto, enquanto metodologia diferenciada em seus procedimentos, ela demonstra a preocupação de que o processo de conhecimento não se restrinja apenas ao aspecto intelectual. Ao analisar uma amostra da elaboração artística dos alunos que abrange todo o ensino do primeiro ao oitavo anos de uma escola, dentro do tempo definido de um ano escolar, é possível compreender melhor todo esforço que subjaz a essa prática docente para que isso aconteça efetivamente. Também é possível enxergar nos trabalhos analisados a teoria transformada em prática, a ação que permeia o produto acabado.

O trabalho de campo traz a vivência anímica dos alunos durante esse período. A sequência dos anos escolares permite enxergar o desenvolvimento de cada habilidade. Se fossem dados o pincel e o papel para a criança do primeiro ano e se pedisse a ela para fazer uma pintura do jeito que ela se apresenta aos nossos olhos como produto final, certamente ela não saberia como começar. Ao contar uma história e pedir que ela coloque as cores sobre o papel, no entanto, se obtêm resultados como aqueles que se veem no material coletado e analisado. O ensino de uma técnica simplesmente, ou o mero exercício de reprodução de uma obra já acabada não propiciam a experiência imaginativa necessária para a criação. Por sua vez, as vivências com outras práticas artesanais, desenho de formas e geometria vão consolidando o desenvolvimento tanto motor como anímico para que, na própria pintura, o aluno adquira maior domínio das formas e da motricidade para lidar com as técnicas. A perspectiva aplicada ao desenho, por exemplo, vai surgir na pintura em aquarela. A geometria é ensinada a partir do quinto ano e justamente nesse ano as aquarelas começam a apresentar uma estrutura mais ordenada.

Da mesma maneira, a observação da natureza e dos diversos materiais por ela proporcionados, como as pedras, a madeira, os metais, as folhas das árvores, as flores, as sementes, também vão causar a impressão indelével na alma que não pode ser proporcionada pelos materiais sintéticos para brincar, jogar e aprender existentes em outras escolas. Quão diferente não será a experiência proporcionada por um passeio em uma caverna para uma época de Geologia e uma visita a um enorme parque de diversões ao estilo dos que existem nas grandes cidades! Além da vivência anímica proporcionada, existe o fato de que a viagem é planejada como um ritual de estudo e aprendizado em que cada experiência terá valor para o desenvolvimento anímico cognitivo.

As vivências proporcionadas pelo currículo Waldorf[325] aliadas aos conteúdos que são desenvolvidos para contemplar as exigências da legislação de ensino organizam e direcionam as atividades escolares, obtendo resultados cognitivos esperados para o padrão vigente. No entanto, considerando os parâmetros de um desenvolvimento afetivo e anímico, a escola Waldorf supera as expectativas, pois atua em um nível em que a maior parte das linhas pedagógicas conhecidas não tem condições operacionais e metodológicas para atingir. Sem considerar o fato de que a Psicologia estudada pelos educadores ainda não chegou ao estudo da obra junguiana, que estaria mais próxima da Pedagogia

---

[325] Para as diversas atividades desenvolvidas na Escola Waldorf, consultar a **Pedagogia Waldorf**: cultura, organização e dinâmica social. Curitiba: Appris, 2017; e outros livros existentes sobre o assunto indicados na bibliografia.

Waldorf, por trabalhar os aspectos da psique que envolvem a relação entre inconsciente e consciente. Não há uma maneira de medir esse diferencial, a não ser buscando sua compreensão por meio da evolução dos trabalhos artísticos desenvolvidos pelos alunos. A análise do material feita passo a passo, pintura por pintura, aponta os objetivos a serem alcançados pelos alunos em cada exercício e o amadurecimento possível de sua imaginação paralelamente ao desenvolvimento de seus conhecimentos e habilidades, aproveitando sua capacidade criativa da maneira mais abrangente possível.

Considerando a abrangência das experiências discentes na escola Waldorf, onde uma simples sala de aula possui materiais que as salas de aula comum não costumam ter, como os materiais de arte, percebe-se a importância destes na medida em que a observação goethiana é posta em ação em um simples exercício de desenho de formas. Quando se pensa e se compreende os efeitos causados por esse desenho, vê-se que ele não é tão simples assim. A fantasia criativa é estimulada diariamente, assim como a percepção das formas e sua compreensão para a reprodução na materialidade trabalhada em cada atividade. Há estimulo dos sentidos, que são a janela e a porta de entrada para a alma por meio de materiais e vivências de qualidade artística, causando impressões sensórias que revertem em progressos cognitivos com qualidade afetiva emocional que nenhuma outra experiência pode proporcionar.

Outro fator que leva a acreditar na eficácia da metodologia aplicada para a efetivação dos trabalhos é a numerosa produção encontrada na exposição do final do ano, da qual esta pesquisa registrou apenas uma pequena amostragem. Mas a quantidade não é um diferencial buscado aqui. Ela apenas faz constatar que a qualidade da experiência é satisfatória, pois conduz a uma produtividade espontânea em quantidade. O aluno é estimulado para produzir um trabalho de cada modalidade no mínimo, mas sua criatividade chega a um patamar de atividade em que ele acaba produzindo outros objetos ou pinturas, no exercício da habilidade que acabou de descobrir em si mesmo, em um movimento natural de desenvolvê-la.

Tudo isso leva a crer que a Pedagogia Waldorf atinge o objetivo almejado por Steiner de preparar o ser humano para exercer sua autonomia e sua liberdade, conforme ele formulou em seu livro *A Filosofia da Liberdade*[326]. Não uma liberdade qualquer, mas uma liberdade fundamentada nas bases sólidas do conhecimento adquirido, da consciência do exercício da vontade com base na moralidade. Tal liberdade só acontece quando ocorre no equilíbrio do pensar e do sentir. Essas são as mesmas bases da proposta de Schiller em sua *A Educação Estética do Homem*[327]: equilibrar o *homem sensível* e o *homem espiritual*, transformando-o no *homem lúdico*. A criança vive o estado lúdico na medida em que vive o estado estético por meio da elaboração dos conteúdos na arte no cotidiano de uma escola Waldorf. Nesse estado estético, ela pode vivenciar sua imaginação criadora e sentir-se unida à divindade por essa possibilidade. Sua sensibilidade pela natureza fica mais aguçada pelo conhecimento artístico proporcionado pelo método goethiano de observação científica. O sentimento de beleza despertado em sua alma fica mais fortalecido quando ela descobre que, por meio da arte, ela pode reproduzir os detalhes observados para que sua mente possa entendê-los mais claramente.

A técnica da aquarela trabalha com as polaridades, permitindo que conteúdos inconscientes emerjam gradativamente até a consciência, passando pelas gradações de sentimento. À medida que a criança se torna mais encarnada, toma consciência de sua

---

[326] STEINER, Rudolf. **A Filosofia da Liberdade**. 2. ed. São Paulo: Antroposófica, 1988.
[327] SCHILLER, 1995.

vida terrena, ela caminha de uma polaridade a outra. As aquarelas do primeiro ano, por exemplo, quase que só representam motivos celestes, primordiais. Conforme as misturas de cores se iniciam e crescem em intensidade, surgem a terra e o mar, que vão dar sustentação às paisagens e ambientes. As formas são elementos que trazem consciência do que foi observado nesse ambiente. Mas elas só aparecem com a maturidade que vai gradativamente acontecendo no desenvolvimento infantojuvenil. Essa maturidade aparece no traço, e na perspectiva, refletindo o *Estilo*[328], capaz de reproduzir com uma qualidade cada vez mais apurada a natureza que se apresenta diante de seus olhos. A apreensão da cultura pelo viés da arte aprimora a sensibilidade e permite que a razão utilize o refinamento para conceituar aquilo que da natureza e da cultura se apresentam diante dos olhos do indivíduo.

Acredito que, diante do referencial teórico apresentado e da análise do material coletado durante o trabalho de campo, tenha sido possível compreender a arte como articuladora entre a sensibilidade e a razão na medida em que ela se apresenta como mediadora dos conteúdos do inconsciente ao consciente no processo de ensino-aprendizagem aqui descrito. Dessa maneira, considero que ela pode ser subsidio para o desenvolvimento da intuição da emoção e do sentimento, assim como da razão.

---

[328] GOETHE, 1995.

REFERÊNCIAS

AEPPLI, Willi. **The Care and Development of the human senses:** Rudolf Steiner's work on the significance of the senses in education. Great Britain: Steiner Schools Fellowship, 1993.

ALIGHIERI, Dante. **A Divina Comédia.** São Paulo: Abril, 1981.

ALBANO, Ana Angélica. **Tuneu Tarsila e outros mestres:** o aprendizado da arte como um rito da iniciação. São Paulo: Plexus, 1998.

BADINTER, Elisabeth. **O Um é o Outro.** Rio de Janeiro: Nova Fronteira, 1986.

BACHOFEN, J. J. **Mith, Religion, and Mother Right.** Bollingen Series LXXXIV. Princeton, New Jersey: Princenton University Press, 1967.

BARBOSA, Ana Mae T. B. (Org.). **Inquietações e mudanças no ensino da arte.** São Paulo: Cortez, 2002.

_____. **Teoria e prática da educação artística.** São Paulo: Cultrix, 1975.

_____. **Arte-educação no Brasil:** das origens ao modernismo. São Paulo: Perspectiva, 1978.

_____; FERRARA, Lucrécia D'Alessio; Vernaschi, Elvira. **O Ensino das Artes nas Universidades.** São Paulo: Edusp, 1993.

BÍBLIA SAGRADA. **Evangelho segundo João.** Cap. I, vers.1. São Paulo: Editora Ave Maria, 1962. p. 1405

BLY, Robert. **João de Ferro:** um livro sobre homens. São Paulo: Campus/Elsevier: 1991.

BOLEN, Jean Shinoda. **As Deusas e a Mulher:** nova psicologia das mulheres. São Paulo: Paulus, 1990.

_____. **Os Deuses e o Homem:** uma nova psicologia da vida e dos amores masculinos. São Paulo: Paulus, 2002.

_____. **O anel do poder.** São Paulo: Cultrix, 2004.

BRADLEY, Marion Zimmer. **A Casa da Floresta.** Rio de Janeiro: Rocco, 1995.

_____. **A Senhora de Avalon.** Rio de Janeiro: Rocco, 1997.

_____. **As Brumas de Avalon:** a senhora da magia. Rio de Janeiro: Imago, 1986.

_____. **As Brumas de Avalon:** a grande rainha. Rio de Janeiro. Imago, 1987.

_____. **As Brumas de Avalon:** o gamo-rei. Rio de Janeiro. Imago, 1988.

_____. **As Brumas de Avalon:** o prisioneiro da árvore. Rio de Janeiro: Imago, 1989.

BYINGTON, Carlos. **Desenvolvimento da Personalidade:** símbolos e arquétipos. São Paulo: Ática, 1987.

_____. **Dimensões Simbólicas da Personalidade.** São Paulo: Ática, 1988.

_____. **Estrutura da Personalidade.** São Paulo: Ática, 1988.

CAMPBELL, Joseph. **As Máscaras de Deus:** mitologia primitiva. São Paulo: Palas Athena, 1992.

_____. **O Herói de Mil Faces.** São Paulo: Cultrix/Pensamento, 1995.

_____. **As Transformações do Mito através do Tempo.** São Paulo: Cultrix, 1990.

_____. **Para Viver os Mitos.** São Paulo: Cultrix, 2001.

_____. **The Flight of the Wild Gander:** Explorations in the mythological dimensions. New York: HarperPerennial editions, 1990.

_____. **Todos os Nomes da Deusa.** Rio de Janeiro: Rosa dos Tempos, 1997.

CAPRA, Fritjof. **O Ponto de Mutação.** São Paulo: Cultrix, 1988-90.

_____. **A Teia da Vida:** uma nova compreensão científica dos sistemas vivos. São Paulo: Cultrix, 1996.

_____. **Sabedoria Incomum:** conversas com pessoas notáveis. São Paulo: Cultrix, 1993.

CARLGREN F.; KLINGBOR, A. **Educação para a Liberdade:** a Pedagogia de Rudolf Steiner. São Paulo: Escola Rudolf Steiner de São Paulo/Antroposófica, 2006.

CASSIRER, Ernst. **Ensaio sobre o Homem** – Introdução a uma filosofia da cultura humana. 1. ed. São Paulo: Martins Fontes, 2001. 3. tiragem.

DUBORGEL, Bruno. **Imaginaire et Pédagogie** – de l'iconoclasme scolaire à la culture des songes. Toulouse, Cedex: Privat,1992.

DURAND, Gilbert. Science de l'homme et tradition – le nouvel esprit anthropologique. Paris: Berg Internacional éditeurs, 1979

DURAND, Gilbert. **As Estruturas Antropológicas do Imaginário.** São Paulo: Martins Fontes, 1997.

_____. Situação Atual do Símbolo e do Imaginário In: DURAND, Gilbert. **A Fé do Sapateiro.** Brasília: Editora UnB,1995.

_____. **O Imaginário:** Ensaio acerca das ciências e da filosofia da imagem. Rio de Janeiro: Difel, 1998.

_____. **A Imaginação Simbólica.** São Paulo: Cultrix/Edusp, 1995.

_____. **L'âme Tigrée.** Paris: Denoël/Gonthier, 1980.

_____. **La Création artistique comme Configuration dynamique des Strutures.** Extrait de Eranos-Jahrbuch XXXV/1966. Zurich: Rhein-Verlag Zurich, 1967.

ESTÉS, Clarissa Pinkola. **Mulheres que correm com os lobos:** mitos e histórias da mulher selvagem. Rio de Janeiro: Rocco, 1997.

FEDERAÇÃO DAS ESCOLAS WALDORF NO BRASIL. **Para a estruturação do ensino do 1º ao 8º ano nas Escolas Waldorf/Rudolf Steiner.** Projeto Pedagógico elaborado pela Seção Pedagógica do Goetheanum e pelo Centro de Pesquisas Pedagógicas da Federação de Escolas Waldorf Livres, 1999.

GLÖCKLER, Georg. O Terceiro Septênio. (Anotações feitas nas aulas do Seminário Pedagógico II, de 16/06 a 03/07/1987.]

GOETHE, J. W. **Doutrina das Cores.** São Paulo: Nova Alexandria, 1993.

_____. **Escritos sobre Arte.** São Paulo: Associação Editorial Humanitas/Imprensa Oficial, 2005.

_____. Imitação Simples da Natureza, Maneira e Estilo. Tradução Marcelo da Veiga. **Anuário da Pós-Graduação em Literatura Brasileira e Teoria Literária da UFSC.** Disponível em: <http://www.cce.ufsc.br/he/profe/schiller.html>, p. 1-7. Acesso em: maio de 1999.

GUERRA, M. M. et al. **A Pedagogia Waldorf:** 50 anos no Brasil. São Paulo. Escola Rudolf Steiner de São Paulo/ Antroposófica, 2006.

HAUSCHKA, Margarethe. **Terapia Artística Vol. II:** Natureza e Tarefa da Pintura Terapêutica. 2. ed. São Paulo: Antroposófica, 2003.

_____. **Terapia Artística Vol. III:** Contribuições para uma atuação terapêutica. 2. ed. São Paulo: Antroposófica, 2003.

HEIDE, Paul von der. **Terapia Artística:** Introdução aos Fundamentos da Pintura Terapêutica. e. ed. v. 1. São Paulo: Antroposófica, 2003.

HILLMAN, James. **Anima:** Anatomia de uma Noção Personificada. São Paulo: Cultrix, 1990.

_____. **Uma Busca Interior em Psicologia e Religião.** São Paulo: Paulus, 1984.

_____. **A Herança *Daimonica* de Jung.** 1987. Disponível em: <www.rubedo.psc.br/artigos/jameshillman>. Acesso em: maio 2004.

_____. **Estética e Política.** Disponível em: <www.rubedo.psc/artigos/jameshillman>. Acesso em: maio 2004.

_____. **Uma Escuta Atenta da Depressão:** uma tarde com James Hillman. (Conferência). Disponível em: <www.rubedo.psc.br/artigos/jameshillman>. Acesso em: mai. 2004.

_____. **Picos e Vales:** a distinção alma/espírito como base para as diferenças entre psicoterapia e disciplina espiritual. Trecho do livro *Puer* de James Hillman cedido para publicação on-line. <www.rubedo.psc.br/artigos/jamesmhillman>. Acesso em: mai. 2004.

JACOBI, Jolande. **Complexo, Arquétipo e Símbolo na psicologia de C.G. Jung**. São Paulo: Cultrix, 1991.

JUNG, Carl G. **O Desenvolvimento da Personalidade**. Petrópolis: Vozes, 1981.

_____. **A Natureza da Psique**. 3. ed. Petrópolis: Vozes, 1991.

_____. **Fundamentos de Psicologia Analítica**. Petrópolis: Vozes, 1996.

_____. **A Energia Psíquica**. 6. ed. Petrópolis: Vozes, 1997a.

_____. **Psicologia e Religião**. 5. ed. Petrópolis: Vozes, 1997b.

_____. **Psicologia e Alquimia**. 2. ed. Petrópolis: Vozes, 1997c.

_____. **Psicologia do Inconsciente**. Petrópolis: Vozes, 1987

_____. **Estudos Alquímicos**. Petrópolis: Vozes, 2003.

_____. **Tipos Psicológicos**. Petrópolis: Vozes, 1991.

_____. **O Espírito na Arte e na Ciência**. Petrópolis: Vozes, 1991a.

_____. **Aion – estudos sobre o simbolismo do Si-mesmo**. Petrópolis: Vozes, 2000.

_____. **Mysterium Coniunctionis**. v. 1. Petrópolis: Vozes, 1988.

_____. **Mysterium Coniunctionis**. v. 2. Petrópolis: Vozes, 1990.

_____. **Resposta a Jô**. Petrópolis: Vozes, 1979.

_____. **O Eu e o Inconsciente**. Petrópolis: Vozes, 1979.

_____. **Freud e a Psicanálise**. Petrópolis: Vozes, 1990a.

_____. **O Homem e seus Símbolos**. 5. ed. Rio de Janeiro: Nova Fronteira, 1986.

_____. **Memórias Sonhos Reflexões**. 3. ed. Rio de Janeiro: Nova Fronteira, 1978.

JUNG, C. G.; Kerényi, Carl. **Essays on a Science of Mythology**. Bollingen Series XXII. 9th printing, Mythos series format. Princeton, New Jersey: Princeton University Press, 1993.

JUNG, Emma. **Animus e Anima**. São Paulo: Cultrix, 1995.

MEAD, Margaret. **Sexo e Temperamento**. São Paulo: Perspectiva, 1969.

NEUMANN, Erich. **A Grande Mãe:** um estudo fenomenológico da constituição feminina do inconsciente. São Paulo: Cultrix, 1997.

_____. **História da Origem da Consciência**. São Paulo: Cultrix, 1985.

OSTROWER, Fayga. **Criatividade e Processo de Criação**. Petrópolis: Vozes, 1997.

_____. **Acasos e Criação Artística**. Rio de Janeiro: Campus, 1990.

PASSERINI, Sueli Pecci. **O Fio de Ariadne:** Múltiplas Formas Narrativas e Desenvolvimento Infantil segundo a abordagem Antroposófica de Rudolf Steiner.

234f. 1996. Dissertação (Mestrado em Psicologia). Ipusp – Instituto de Psicologia da Universidade de São Paulo, 1996.

_____. **A Poética no Desenvolvimento do Mito Pessoal:** Uma proposta de método para o autoconhecimento. (Tese de Doutorado). Ipusp – Instituto de Psicologia da Universidade de São Paulo, 2004.

RAFF, Jeffrey. **Jung e a Imaginação Alquímica.** São Paulo: Mandarin, 2002.

ROMANELLI, R. A. **A Pedagogia Waldorf:** Contribuição para o Paradigma Educacional Atual sob o ponto de vista do Imaginário, Cultura e Educação. 128f. 2000. Dissertação (Mestrado em Educação). USP, Faculdade de Educação, 2000.

_____. **A pedagogia Waldorf:** cultura, organização e dinâmica social. Curitiba: Appris, 2017

SCHILLER, Friedrich. **A Educação Estética do Homem.** Iluminuras: São Paulo,1995.

STEINER Rudolf. **Antropologia Meditativa.** São Paulo: Antroposófica, 1997.

_____. **A Arte da Educação – I.** 2. ed. São Paulo: Antroposófica, 1995.

_____. **A Arte da Educação – II:** metodologia e didática no Ensino da Pedagogia Waldorf. São Paulo: Antroposófica, 1992.

_____. **A Arte da Educação – III:** prática educativa. São Paulo: Antroposófica, 2000.

_____. **Arte e Estética Segundo Goethe.** São Paulo: Antroposófica, 1997.

_____. **Andar, Falar e Pensar / A Atividade Lúdica.** São Paulo: Antroposófica, 1990.

_____. **O Conhecimento do Homem como Fundamento do Ensino.** São Paulo: Associação Pedagógica Rudolf Steiner, 1980.

_____. **A Educação Prática do Pensamento.** 3. ed. São Paulo: Antroposófica, 1996.

_____. **A Educação da Criança segundo a Ciência Espiritual.** 3. ed. São Paulo: Ed. Antroposófica, 1996.

_____. **Educação na Puberdade / A Atuação Artística no Ensino.** São Paulo: Antroposófica, 1990.

_____. **A Filosofia da Liberdade.** 2. ed. São Paulo: Antroposófica, 1988.

_____. **Linhas Básicas para uma Teoria do Conhecimento na Cosmovisão de Goethe.** São Paulo: Antroposófica, 1986.

_____. **The New Art of Education.** London: Anthroposophical Publishing CO. / New York: Anthroposophic Press, 1928.

_____. **A Obra Científica de Goethe.** São Paulo: Antroposófica, 1984.

_____. **Pedagogia e Arte:** o conhecimento do homem. (Tradução feita por Christa Glass, revisada por Leonore e Ítalo Bertalot e Ana Maria Potério, da palestra "Anthroposophische Menschenkunde und Paedagogik", GA 304). (apostila)

_____. **Waldorf Education for Adolescence**. Bournemouth, England: Kolisko Archive Publications.

TRINTA ANOS – Escola Rudolf Steiner de São Paulo – 1956-1986. São Paulo: Associação Pedagógica Rudolf Steiner, 1986.

VEIGA, Marcelo. **A Obra de Rudolf Steiner**. São Paulo: Antroposófica, 1994.

_____. **Experiência, pensar e intuição:** Introdução à Fenomenologia Estrutural. São Paulo: Cone Sul/ Uniube, 1998.

_____. Reflexões sobre Holística, a Nova Era e a Noologia. **Revista Chão&Gente**, Botucatu, São Paulo, n. 23, p. 16-18, mar. 1997.

_____. Holismo e Pedagogia. **Revista Chão&Gente**, Botucatu, São Paulo, n. 21, p.20-22, nov./1996.

_____. Pedagogia Waldorf: possibilidades e problemas. **Revista Chão&Gente**, Botucatu, São Paulo, n. 25, p. 11-13, maio/1997.

_____. 100 de Filosofia da Liberdade. **Revista Chão&Gente**, Botucatu, São Paulo, n. 6, p. 6-7, dez. 1994.

_____. Em Busca do Pensamento Processual. **Revista Chão&Gente**, Botucatu, São Paulo, n. 1, p. 18, jun/1994.

_____. Antroposofia: Ciência ou Crença? **Revista Chão&Gente**, Botucatu, São Paulo, n. 19, p.16-17, set/1996.

_____. Estética de Schiller – da "Teoria do Belo" à "Estética dos Sentidos" – Reflexões sobre Platão e Friedrich Schiller. **Anuário da Pós-Graduação em Literatura Brasileira e Teoria Literária da UFSC**. Disponível em: <http.//www.cce.ufsc.br/he/profe/schiller.html>, p.1-7. Acesso em: maio de 1999.

_____. Fenomenologia – o problema da fundamentação do conhecimento. Uma abordagem fenomenológica. **Anuário da Pós-Graduação em Literatura Brasileira e Teoria Literária da UFSC** Disponível em: <http.//www.cce.ufsc.br/he/alemao/profe/feno.html>, p.1-27. Acesso em: maio de 1999.

WEAVER, RIX. **A Velha Sábia – estudo sobre a imaginação ativa**. São Paulo: Paulus, 1996.

WEHR, Gerhard. **Jung & Steiner:** The Birth of a New Psychology. Great Barrington, MA: Anthroposophic Press, 2002.